琉球人遺骨は訴える

京大よ、還《かえ》せ

松島泰勝・山内小夜子 編著

耕文社

はじめに

京都帝国大学の金関《かなせき》丈夫《たけお》助教授は、一九二八年、二九年に沖縄島や瀬長島の各地から琉球人遺骨を遺族や地域住民の了解を得ることなく、祭祀が行われている墓から盗んだ。私は二〇一七年夏から京都大学に対して百按司墓《むむじゃなばか》琉球人遺骨に関する情報開示、遺骨返還を求めたが「個別の問い合せに答えない」として拒絶され続けてきた。二〇一八年一二月四日、私は琉球民族遺骨返還請求訴訟の原告団長として、琉球人遺骨の返還と賠償を求めて京都大学を提訴した。原告団は私の他、亀谷《かめや》正子《まさこ》、玉城《たまぐしく》毅《つよし》、照屋《てるや》寛徳《かんとく》、金城《きんじょう》實《みのる》、弁護団は丹羽《にわ》雅雄《まさお》、普門《ふもん》大輔《だいすけ》、定岡《さだおか》由紀子《ゆきこ》、李《り》承現《すんひょん》、具良《くりゃん》鈺《おく》によって構成される。琉球遺骨返還請求訴訟全国支援連絡会が設立され、琉球、関東、関西において訴訟支援活動が展開された。訴訟過程については「琉球遺骨の返還を求めて」(https://ryukyuhenkan.wordpress.com/)を参照されたい。

二〇一九年三月、台湾立法院委員のチワスアリ（吉娃斯阿麗・高金素梅）、中華琉球研究学会（石佳音代表）の働きかけにより、国立台湾大学から、六三体の琉球人遺骨が沖縄県に移管された。しかし、沖縄県教育委員会は遺骨を学術標本として調査を実施しようとしている。現在、遺骨の再風葬を求める署名運動、行政不服審査請求が行われ、同教育委員会提訴の準備が進められている。

二〇一八年二月、喜界島《きかいじま》九三例、徳之島《とくのしま》九二例、奄美大島《あまみおおしま》八〇例計二六五例の遺骨返還を求める「京都大の奄美人遺骨返還を求める会」が結成された。二〇一九年一〇月、同会の代表である大津《おおつ》幸夫《さちお》、原井一郎《はらいいちろう》が京大に出向いて遺骨返還を求めた。しかし京大当局は、建物に二人を入れず、返還を拒否した。

琉球人遺骨返還運動は、島や国境を越えて大きな広がりを見せるようになった。

京大総長による琉球人差別事件

私は琉球先住民族として、二〇一七年から京大による差別を受けてきた。昨年（二〇一九年）は山極壽一《やまぎわじゅいち》京大総長からヘイトスピーチの攻撃を受けた。次に、京大総長による琉球人差別発言から、「学知の植民地主義」を明らかにしたい。京大の『職員組合ニュース』（二〇一九年度第二号）において、「この件を訴えている方は問題のある人と承知している」と山極壽一総長が駒込武《こまごめたけし》・京大職員組合委員長に対して発言した。その発言の後、総長は「琉球大学からもそうした話が来ている」と駒込委員長に述べたそうである。二人の対談はレコーダーで録音され、同ニュースが学内で広く配布され、公開されることを前提にした、公開の場での発言であった。「問題のある人物」が原告の誰であるかを示していないが、私であることは明らかである。

二〇一八年三月、沖縄県立博物館・美術館で開催された「日本オセアニア学会創立四〇周年記念公開シンポジウム」において、私は本問題に関する報告を行い、京大の植民地主義を批判した。その会場には多くの琉球大学所属の研究者がいた。総長のこの言葉は私の名誉を毀損する差別発言であると、私は受けとめ、琉球民族遺骨返還研究会代表として、二〇一九年八月三一日付で山極総長に対して、次のような抗議文を送付した。

「『職員組合ニュース』二〇一九年度第二号に掲載された、駒込武・京大職員組合委員長との対談のなかで、総長は『この件を訴えている方は問題のある人と承知している』と述べています。私は、これを琉球人に対する差別発言であると受け止め、強い憤りを覚えています。どのような理由で私が『問題のある人』であるのか、その根拠を具体的に示して下さい。百按司墓琉球人の子孫への遺骨返還を求める行為自体が問題なのか、私自身のこれまでの活動、研究内容、人格が問題なのか、明らかにすべきです。

京都大学の総長が、『琉球民族遺骨返還請求事件』の原告団長に対して、差別発言を公の場で行ったことは、琉球人として決して許されることではありません。『京大総長による琉球人差別』として歴史に記されるでしょう。

二〇一九年八月三〇日に第三回の口頭弁論が行われましたが、貴殿はこれまで被告席に座ることはありませんでした。原告である、八〇歳の金城實さん、七五歳の亀谷正子さん、六九歳の玉城毅さんは不自由な身体であるにもかかわらず、毎回、琉球から京都地裁に足を運んでいます。琉球人遺骨の現在の管理者として、遺骨返還を訴える琉球人に真摯に向き合うのが人としての道であり、教育者として当然の姿ではないでしょうか」

貴殿の発言には私を不当に貶めようとする悪意が感じられ、非常に不愉快です。このような名誉毀損の発言に対して心底から強く抗議し、謝罪を求めます」

二〇二〇年五月二三日現在、山極総長から私に対する謝罪等の回答を得ていない。琉球人を対等な人間として考えていないことが、このような不誠実な姿勢から明らかとなった。

現在、山極京大総長は、日本学術会議の会長でもある。同会議は、首相所轄の下、政府から独立して職務を行う「特別の機関」であり、日本の人文・社会科学、生命科学、理学・工学の全分野における約八七万人の科学者を内外に代表する機関である。また国家予算から科学研究費等を通じて科学者の研究を促進し、研究者の権威付け、序列化、評価する国家機関である。その長が、一研究者を「問題のある人」であると発言した背景には、琉球人遺骨問題を「問題のある人」の問題として矮小化し、遺骨の返還を拒否し、再風葬を封じ込めようとする権力の意図が見え隠れしている。公権力を使って、遺骨返還運動を妨害しようとしていると考えられる。

第五回口頭弁論における意見陳述

二〇二〇年二月二七日、第五回の口頭弁論、進行協議、報告集会が開かれた。今回提出された準備書面では、京大の私に対する不法行為（遺骨の実見申請や質問に対する拒否）、国際人権法が国内の裁判所でも拘束力があることを立証し、京大の遺骨占有の目的（これまでどのような研究が行われ、これからどのような研究をするのか）に関する説明責任を求めた。証拠物件として、各種の国際人権法の条文、『琉球　奪われた骨』『大学による盗骨』等を裁判所に提出した。

私は原告五人の最後の意見陳述をさせて頂いた。京大が遺骨を返還しない本源的な理由である、「学知の植民地主義」を「琉球に対する植民地主義」「京大による戦争犯罪」「学知による人種差別主義」の三点から明らかにした。特に、京大総長による私に対する差別事件と、学術人類館事件について総括・反省していない日本人類学会が、琉球人遺骨の再調査を京大に要望したことが、学知の植民地主義を象徴しているとして強く批判した。

前回の進行協議において、京大側が遺骨返還の意思がないことを告げたため、今回の進行協議は開かれないと予想されていた。しかし急遽、裁判長が同協議を提案し、行われた。これまでも裁判長は、遺骨の琉球への返還に向けた和解を提案してきたが、京大は頑に返還を拒んできた。今回の進行協議を踏まえて、京大はすみやかに和解に応じ、ご遺骨を墓に戻すべきである。

開廷後の報告集会において、玉城毅さんと亀谷正子さんが、沖縄県教育委員会の琉球人遺骨に関する対応が京大と同じであると批判された。同委員会に情報公開請求を求める運動は、現代における皇民化政策の実態を明らかにしてきたといえよう。

また丹羽雅雄弁護士から、今回、伊佐眞一《いさしんいち》さんの鑑定意見書が提出されたが、次回は、波平恒男《なみひらつねお》さん、板垣竜太《いたがきりゅうた》さんのそれが提出され、証人尋問が行われるとの報告があった。

京大による琉球人遺骨の組織的な盗掘

二〇一九年六月、琉球の霊媒師が沖縄島本部《もとぶ》町渡久地《とぐち》の古墓群の一角にある「大《うふ》米《こめ》須《す》親方《うぇーかた》の墓」から石棺を盗掘した。本部警察署が捜査を行っているが、盗掘した二つの石棺のうち一つは同署が発見・保管しているが、もう一つの石棺の所在は不明のままである。また一九三〇年代の半ば、同地から京都大学の研究者（三宅宗悦《みやけそうえつ》）によって多くの琉球人遺骨が盗掘された。つまり、金関丈夫は、一九二八年、二九年に百按司墓、中城村《なかぐすくそん》、瀬長島等から琉球人遺骨を盗んだが、他の京大研究者によっても琉球から遺骨が盗掘されたのである。金関、三宅を指導する位置にあったのが、京都帝国大学医学部の足立文太郎《あだちぶんたろう》教授と清野謙次《きよのけんじ》教授であり、「人骨収集」という研究上の指導があった。本件は、研究者個人だけの問題ではなく、大学による組織

渡久地の古墓

的な遺骨盗掘という犯罪であると言える。
「清野コレクション」のリストにおいて、渡久地関連の「発見地名、例数、標本番号」が次のように記載されている。「本部村渡久地・トクナチ濱・一例・第一〇五九号、本部村渡久地・古墓・三八例・第一〇六〇号～第一〇九八号」（清野謙次『古代人骨の研究に基づく日本人種論』岩波書店、一九四九年、一二〇頁）

本部町渡久地から盗掘された三九例の琉球人の遺骨は現在、京都大学大学院理学研究科自然人類学研究室または京都大学総合博物館に所蔵されている可能性が高い。京大は三年前から、私に対して「個別の問い合せには答えない」と強弁して、琉球から盗掘された遺骨に関する情報を公開していない。石棺は琉球人霊媒師によって、琉球人遺骨は京都大学研究者によってそれぞれ盗掘された。双方の案件とも犯罪行為であり、窃盗物は元の墓に戻さなければならない。

二〇二〇年三月九日、私は、尚徳王《しょうとくおう》の三司官を務めていた大米須親方の子孫である、玉城毅さん、第一尚氏の子孫である、亀谷正子さんとともに、本件の調査のために渡久地を訪問した。三人はまず盗掘が行われたお墓に行き、現在も祭祀が挙行されていることを確認した。つまり、信仰の対象となっている墓から遺骨や石棺が盗まれたのである。次に同地の祭祀であるシヌグに参加し、遺骨と石棺の返還を求めて手を合わせた。祭祀者である祝女《ヌル》から、同地における地域信仰についてお話を伺った。そして、渡久地区の中曽根義人《なかそねよしと》区長と「石棺・遺骨盗掘問題」について意見交換を行った。その際、中曽根区長に「清野コレクション」のリストを手交し、同地から約九〇年前に遺骨が盗掘され、今も京大に保管されていることをお伝えした。遺骨、石棺とも、祭祀承継者、地域の住民の了解を得ることなく、現在も祭祀が行われている墓から盗み出され、返還されていない。京都大学、琉球の霊媒師という犯罪者は、遺骨や石棺の所有者である祭祀承継者、地域の人々の信仰、慣習を蹂躙している点で共通している。

京都大学から琉球人の先祖の遺骨を奪回することは、「民族自決権」（レーニン）に基づいた闘争であり、これを国内外にさらに拡大させなければならない。琉球民族遺骨返還の闘いは、琉球における反基地運動、反植民地運動、琉球独立運動と連動した、民族自決を求める最先端の闘いであると考える。

本書を通じて、民族、国境、属性を超えた多くの方々が、「琉球人遺骨盗掘とその返還」を自分の「生と死」の問題でもあるとして考えて、琉球民族遺骨返還運動に参加されることを強く求めたい。

松島泰勝

京大よ、還せ——琉球人遺骨は訴える❖もくじ

Ⅱ　京大による遺骨盗掘問題とは何か

Ⅲ　琉球の死生観・歴史・骨神信仰

Ⅳ

なぜ再風葬を求めるのか　民族の自己決定権

I

京大は遺骨を元の場所に返しなさい

古宇利島と美しい海を臨む高台に百按司墓はある。

京大は遺骨を元の場所に返しなさい

琉球民族遺骨返還請求訴訟弁護団

1　琉球民族遺骨返還等請求訴訟で問われるもの

裁判の経過と現状

二〇一八年一二月四日、原告五名（琉球王国の第一尚氏の子孫二名、先住民族である琉球民族として三名）が、国立大学法人京都大学を被告として京都地方裁判所に提訴した。この琉球遺骨返還等請求事件の請求の趣旨の第一は、「被告は、原告らに対し、別紙遺骨目録記載の遺骨を引き渡せ」第二は、「被告は、原告らに対し、各金一〇万円及び遅延損害金を支払え」である。日本の裁判では、原告が主張する「訴訟物」についての要件事実について、原・被告間において主張や反論、各立証責任に基づいて立証を行うこととなる。原告が提訴した請求の趣旨の訴訟物第一は、所有権に基づく遺骨返還請求権であり、第二は、不法行為にもとづく損害賠償請求権である。

訴訟物第一については、原告らは、遺骨の所有者であり返還請求権の主体といえるか、遺骨の特定が必要か、被告には遺骨占有の事実があるか、訴訟物第二については、京都帝国大学の教員である金関丈夫などが百按司墓から遺骨を違法に盗掘したか、被告京都大学が継続して占有保管している行為が違法か否か、原告らのいかなる権利・利益が侵害されたか、原告らの法的損害は何か、が原告らの主な主張・立証事実となる。このように、日本の裁判制度は、憲法秩序に基づく法規範について、要件事実に基づいて解釈・適用する枠組みとなっている。

二〇一九年三月八日の第一回口頭弁論期日から、二〇二〇年二月二七日の第五回口頭弁論期日までの裁判の経緯は、いずれも大法廷において開廷され、各期日において原告全員が、原告となった動機やこの裁判で判断されるべきものなどを意見陳述している。

被告京都大学の反論は、原告らは、民法八九七条一項の祭祀承継者ではない、金関丈夫が百按司墓を含む沖縄県内各地から、「人骨」（遺骨を「人骨」と称している）を収集した事実及び現在その「人骨」の一部を保管している事実は認める、保管する「人骨」は破片散乱しており、個体特定は困難である、金関以外の者が本件「人骨」の全部又は一部を収集した可能性がある、本件返還対象の「遺骨目録」は存在しない、金関丈夫は、沖縄県庁の学務課担当者、沖縄県警察部長などを通して「人骨」を収集したのであり、盗掘をしたのではない、などと主張している。

　この間、裁判長の指示により、口頭弁論終了後二回にわたり進行協議が開かれ、裁判長より、本件遺骨について、当裁判所において双方話し合いにて、遺骨返還に向けた何らかの受入れ機関に関する枠組みが考えられないか、被告に対して、遺骨返還に向けた和解の可能性がないかが問われた。しかし、被告京都大学は、いずれの進行協議においても、和解は考えていないと回答している。

遺骨返還請求権を基礎づける法的根拠について

　日本の法体系において、遺骨返還請求を基礎づける直接的な法規範は、民法八九七条一項の「系譜、祭具及び墳墓の所有権は、慣習に従って祖先の祭祀を主宰すべきものがこれを承継する」である。裁判所は、民法八九七条一項の「慣習」を如何に考えるかを主要な判断対象とするのが通常である。

　しかし、民法八九七条一項の規定は、相続とは切

第五回弁論後の報告集会（2020年２月27日）

り離された戦前の戸主権の名残の法規範であり、日本の家制度の枠組の中で解釈されてきたものである。琉球・沖縄における地域共同体を基礎とする社会規範とは、根本的に異なる法制度である。原告らは、裁判において、民法八九七条一項を法的根拠の一つとせざるをえないが、この「慣習」を、琉球・沖縄の精神的及び社会的基層を踏まえて、深く広く解釈する必要性を主張している。

　また原告は、憲法一三条の幸福追求権の一つとしての民族的・文化的・宗教的アイデンティティの権利と自己決定権、憲法二〇条の信教の自由を法的根拠としている。

　しかし、先住民族である琉球民族としての遺骨返還請求の本質的な権利性は、国民・国籍概念に強く影響され、個人の権利を中心とする日本国憲法秩序からはただちに導きだすことは困難である。原告らは、普遍的人権規範である国際人権法、とりわけ自由権規約二七条の民族的・文化的マイノリティの権利や国際慣習法として集団的権利を認め、先住民族の遺骨返還請求を明記する「先住民族の権利に関する国際連合宣言」、植民地支配や植民地主義が人種差別、外国人排斥および関連のある不寛容をもたらしていること、先住民族の文化価値と多様性の尊重、文化・伝統を持続する権利を明記するダーバン会議の宣言などを主張し、民法八九七条一項の「慣習」の解釈についても、国際人権法を重要な解釈基準とすべきであると主張している。

被告京都大学は、盗掘し且つ違法占有する琉球民族の遺骨を百按司墓に帰還させなければならない

　本件訴訟は、すぐれて日本国家による琉球・沖縄への植民地支配と戦後も続く植民地主義、大学における研究・学問という名の「学知の植民地主義」の本質事項を鋭く問う裁判である。盗掘か否かの判断も、植民地支配下における支配と同化、構造的差別状況と刑事法制、とりわけ、骨神《ふにしん》と交わる人々には何らの同意を得ていない事実を踏まえて判断されなければならない。同時に、日本国家から「捨て石」にされ、奪われ続けた自己決定権と民族的・文化的・宗教的アイデンティティの確立に向けた社会変革訴訟であり、裁判手続きのみで完結するものではない。当事者、弁護団、支援団体や個人による訴訟に向けた活動と、訴訟を通して実現せんとする遺骨の百按司墓への帰還と再風葬の実現とともに、戦前・戦後における日本国家・社会の琉球・沖縄に対する加害の歴史と構造的差別という本質的事項を、いかに深く広く「市民社会」に向けて発信できるかが問われる訴訟でもある。

（弁護団長　丹羽雅雄）

2　琉球民族の独自の精神文化

琉球には独自の葬送慣習があり、法律的には、祭祀承継者、すなわち遺骨の返還請求権を持つ者の判断基準となるのみならず、子孫が遺骨の返還請求権を有することの根拠、独自の文化、慣習を持つ琉球民族が先住民族として、その文化、慣習を維持、発展していく権利を有することの根拠となる。

以下に述べる琉球の慣習は、ヤマトのそれとは大きく異なる。しかし、異なる文化であることを理由に、ヤマトンチュである京都大学はこれを無視してよいわけではない。異なる文化だからこそ敬意を払い、その習俗になくてはならない遺骨を、京都大学は返還しなくてはならないのである。

琉球には古来より、洞窟、岩陰などに亡くなった人の遺体を安置し、そのまま墓地とする風葬の慣習があった。安置された肉体が時間と共に朽ち、消え去った後、霊魂は肉体から解放され、神になると信じられてきた。亡くなった人の魂は神となり、「祖霊神」として今に生きる子孫らを見守り続ける。

子孫らは祖霊神に見守られながらこの世に生きており、日々、先祖を拝み、祖霊神を含む神々に祈りを捧げ、十六日《ジュウルクニチー》（旧暦の一月一六日）、清明祭、お盆などの節目節目には墓所を訪れ、ご馳走や飲み物をお供えし、墓庭で祖霊たちと共食し、先祖と交流する。

琉球には「祖霊神」が住む「あの世」と、子孫らが生きる「この世」があり、互いに見守り見守られながら、互いを感じながら存在している。その相互関係は、祖父母から子へ、子から孫へ、あるいは日常の拝みなどの行為や、行事などにより伝えられていく。

祖霊神のいる「あの世」と子孫らが生きる「この世」は、別々に存在するのではなく、以上のように、日々、守り守られる相互関係にあり、さらに、遺骨が納められている墓所での交流を通じてしばしば交わう。

墓所には遺骨があり、神となった先祖らは、祖霊神として遺骨に宿る。そのため、遺骨そのものが「神」として拝みの対象となり、「骨神」と呼ばれる。琉球民俗学の第一人者である仲松弥秀《なかまつやしゅう》によると、骨神は「神の憑代」なのである。拝みの対象である骨神は拝みの場になくてはならない。墓所は、ウチナーンチュにとって先祖を葬る場所であるのみならず、先祖を弔いつながり続ける場所、骨神の拝みを通じて死者と生者を結びつける場所でもある。

「あの世」と「この世」が交わる場所である墓所を、琉球の詩人、高良勉《たからべん》は「その世」と呼んだ。琉球には現世と死後の世界の中間にもう一つの世界が存在するのである。「あの世」に住む先祖との交流は、ウチナーンチュの生活の一部となっており、人が死後も「その世」を通じて「あの世」「この世」を行き来するという死生観は、琉球の基層文化であり、他の文化を持つ者がこれを奪うことはあってはならない。

過去に京都大学が盗掘し、現在もなお返還を拒否している遺骨は、北山《ほくざん》時代および第一尚氏時代の貴族の風葬地であった百按司墓に安置されていた。外来者であるヤマトンチュには人骨の散乱する荒れ果てた地と見えたとしても、琉球民族にとっては、死者の体が風雨にさらされ、自然に肉が落ち、祖霊神となっていくための神聖な場所であった。一八三八年には「今帰仁《なきじん》拝み」として巡礼地のひとつとなっていることが文献により確認されている。

京都大学による百按司墓盗掘は、他人の先祖の遺骨を盗み出すことであり、それ自体が極めて悪質であることは言うまでもないが、琉球文化においては拝みの場所から拝みの対象を盗み出すことでもある。

祖霊神が宿った遺骨が墓所にあるからこそ、その墓所で先祖と子孫の交流が続き、墓所は「あの世」と「この世」をつなぐ場所となる。遺骨を墓所から奪うことは、人が肉体の死により「この世」から「あの世」へと住処を移し、その後も「その世」を通じて「この世」とつながり続けるという琉球の死生観の根底を奪うことでもある。

ヤマト文化と異なる死生観、精神世界の在り方は、琉球民族として維持・発展する権利を有する文化の中核をなす。京都大学の遺骨返還拒否は、琉球民族の文化への権利の侵害となるのである。

（弁護士　定岡由紀子）

3　奪われた遺骨とその保管状況に関する京都大学の姿勢

京都大学人類学の端緒

京都大学における人類学研究は、医学部内の講座（一つは、清野謙次が教授として主宰する「病理学病理解剖学講座」であり、清野は一九一九年頃より病理学教室の一室や自宅内に「清野人類学研究室」を設け、骨の研究を行っていた。同講座の「熱心なる学徒」として、三宅宗悦がいた。いま一つは、足立文太郎教授が主宰する「解剖学第二講座」である）から始まる。

足立は「日本人解剖学」「軟部人類学」を提唱し、一九〇四年から京都大学における解剖学講座の初代教授を務めた人物であり、金関丈夫は大学にて助手であった一九二四年、足立のすすめで、人類学を勉強することになり、病理学の清野謙次、考古学の濱田《はまだ》耕作《こうさく》両教授に紹介され、足立に入門し、足立退官（一九二五年）後は、この人類学講座を受け継いだ。

清野謙次の収集癖

琉球人遺骨の収集が、学者個人のものではなく、京都大学医学部による人類学研究行為であったことに加え、その主宰者の資料収集に対する態度を示すものとして、清野事件に触れないわけにはいかない。

清野は、京都の寺院に自由に出入りし、経典などを閲覧していたが、一九三八（昭和一三）年六月三〇日、疑いをもった寺院の通報から寺院からの帰宅途上に警察官による尋問を受け、所持していた鞄の中から経典数十点の無断帯出が発覚し、その後、教室や自宅の捜査の結果、京都市内二二寺社の経典六三〇巻、さらに教授室の捜査の結果、一三六〇点の経典類の無断帯出が発覚し、押収された。

清野謙次

清野は、直ちに休職処分となったのち、有罪判決を受け、京都刑務所に収監され、六か月間、服役している（このことが関係し、当時の濱田耕作総長の辞職表明とその後の心労による急死といった開学以来の事態へと発展した）。

清野は、その心情について「自他の見境が失われた不思議な心境の中での結果」と述べている。つまり、欲しいもの、研究したいと考えたものは、たとえそれが他人の物であっても、欲求が上回り抑制できず、自己のものとも他者のものとも見境がなくなる、というのである。

なお、清野は、捕虜三千人を実験で犠牲にし、四〇四名を終戦時の証拠隠滅のためにガス室で抹殺のうえ焼却するなどした「七三一部隊」の医学顧問として関与しており、学知の植民地主義の極みという意味では、琉球民族遺骨の盗掘問題とは全くの同根である。

金関丈夫

金関丈夫による盗掘（盗骨）

一九二八（昭和三）年乃至一九二九（昭和四）年、京都大学（旧京都帝大）助教授であった金関は、沖縄県今帰仁村運天《うんてん》にある第一尚氏時代の按司《あじ》らを葬った墓所（百按司墓）を含む沖縄県内各地から、その子孫や門中《むんちゅう》および地域住民の了承を得ることなく、少なくとも遺骨五九体分を持ち出した。

金関が無断で持ち出した遺骨は、「人骨標本」として、京都大学（旧京都帝大）及び台北帝大（現・国立台湾大学。後に金関は台湾大学教授に就任した）に送付された。

三宅宗悦による盗掘（盗骨）

続き、京都大学病理学病理解剖学講座・清野門下であった三宅は、一九三三年一一月二五日乃至同月二八日までの間、沖縄県今帰仁村運天にある第一尚氏時代の按司らを葬った墓所（百按司墓）を含む沖縄県内国頭《くにがみ》（今帰仁村を百按司墓を含む）・中頭《なかがみ》・島尻《しまじり》等から、その子孫や門中及び地域住民の了承を得ることなく、七〇体の遺骨を持ち出し、これを京都大学に送付した。

京都大学の人骨保管状況

三宅は、収集遺骨について、「清野蒐集人骨」標本番号に該当する標本番号を割り当て、同人が百按司墓から盗んだ遺骨について一〇四二乃至一〇五八号（男性一四体、女性一一体）とし、京都大学において人種研究等の研究資料として用いられている。

三宅は、奄美大島、沖縄本島における遺骨収集に先立ち、先行して琉球民族の遺骨収集した金関が帰京した直後、一九二九年二月から毎月「人類学懇話会」を開催し、金関が所属する解剖学第二講座と、三宅の所属する病理学病理解剖学講座の各講座の壁をこえて深く交流を行い、三宅が奄美大島に向け京都を発つ際にも金関が見送りに立ち、「見つけた骨を首尾よく持って帰れるか否かの問題」について、「官民諸方面の有力者に、できるだけ渡りをつけておく必要」を伝授し、金関と同じ方法によって、百按司墓を蹂躙し、その遺骨を持ち去ったものである。

二〇一四年一一月、京都大学構内ごみ置き場に清野収集人骨と記載された箱が廃棄されているのが発見されている。

医学部病理学教室から理学部へとリヤカーでの標本搬出を手伝わされたという情報、家庭収納用プラスチックケースに入れ替え等がなされたこと等の情報などに接しており、散逸や廃棄といった事態を危惧している。

そして、廃棄されていた箱には「清野蒐集人骨番號」「第千百二十三号」乃至「第千百二十六号」「大隅國大島郡喜界村赤連ダンムチ」と墨書が確認でき、清野論文にてナンバリングされた人骨標本番号と完全一致する。

人骨目録には、収蔵遺骨について、人骨標本番号毎に、遺骨の「収集・発掘日」「発見地名」「時代別」「性」「年令」「保存状態」並びに「備考」（主に、取得時の状況等が記録されている）が記入されているが、京都大学はこれまでその一部の開示を拒んできた（本訴訟で返還を求める遺骨の部分を含む）。

しかし、清野論文では、講座研究の成果として、琉球民族の遺骨のほか、日本各地、アイヌ民族の遺骨、はては朝鮮半島や中国、フィリピン等から収集した遺骨を、それぞれ「石器時代（先史時代）遺骨」として七〇八例、「日本古墳横穴（原史時代）人骨」として八四例、「日本特殊地方及びその近接地方・特殊時代人骨」として四〇九例、「外地出土の古代人骨（現代人骨も少数存在す）」として一八三例、合計して一三八四体の遺骨についての遺骨標本番号が存在していることは明らかである。

この裁判で、京都大学は、人骨を一切閲覧させることなく、また、人骨目録の開示にさえ応じない。京都大学は、その理由を以下のように述べている。

「被告においては、現在、七五一号（原告代理人注：この番号は清野コレクション人骨標本番号と一致している）以降について、上記のような目録の存在を確認していない。そのため、原告らの開示の請求に応じることはできない。また、上記の次第であるから、被告としては、法人文書として存在するものについて、不当に開示を拒否したということもない。」（令和元年一二月二六日京都大学準備書面（二）より）

（弁護士　普門大輔）

4　国際人権法の観点からみる遺骨返還請求権

原告らの遺骨返還請求権は、国際人権法上のさまざまな規定によって基礎付けられ、日本の裁判所もそれらの規定を実現する義務を負う。

ウィーン宣言及び行動計画（一九九三年）

一九九三年、世界人権宣言採択四五周年を機に、人権分野における国際社会の進展と課題を包括的に検討するための世界人権会議がウィーンにおいて開かれた。その成果文書が、日本を含む世界一七一か国の代表が参加した世界人権会議において採択され、国連総会において承認された「ウィーン宣言および行動計画」である。

ウィーン宣言第二節は、「すべての人民は自決の権利を有する。」として民族自決権を認め、ウィーン宣言第二〇節は、「……国家は国際法に従い、先住民のすべての人権と基本的自由の尊重を確保する協調的な積極的措置を、平等と非差別を基礎にして行い、また先住民独自のアイデンティティおよび文化と社会組織の価値および多様性を認識しなければならない」とする。

このように、国家による先住民族の自決の権利の保護および先住民族固有の文化的価値および多様性を認識することの重要性が強調されている。

ダーバン会議宣言および行動計画（二〇〇一年）

二〇〇一年南アフリカ共和国ダーバンにおいて、人種主義・人種差別・外国人排斥・関連する不寛容に反対する世界会議（以下「ダーバン会議」）が開かれた。

その成果文書であるダーバン会議「宣言および行動計画」は、先住民族が歴史的に植民地主義の被害を受け続けてきたこと、これによって社会経済的不平等が存続していることについて、日本を含む一六三か国政府代表の前ではじめて正式に確認がされた。

ダーバン会議「宣言および行動計画」はさらに、国家に対して、「……憲法、行政、立法、司法上の措置、およびすべての必要な措置を、先住民族と協調しながら採用あるいは継続して実施する」こと（一五項（a））「先住民族に直接影響を及ぼす政策や措置に関する意思決定のプロセスにおいて、先住民族の代表と協議を行うこと」（同二二項（d））、すなわち先住民族の権利の保護等のプロセスにおいて、先住民族の意思の尊重と、先住民族の代表との協議を求めている。

先住民族の権利に関する国際連合宣言（二〇〇七年九月一三日採択）

以上のような国際的なコンセンサスの形成の積み重ねをへて、二〇〇七年、先住民族権利宣言が採択されるに至った。日本政府も、先住民族の権利の集大成とも言えるこの宣言に、国際社会が見守る中、「賛成」票を投じている。

同宣言第一二条は、「一・先住民族は「……遺骨の返還に対する権利を有する。二・国は、関係する先住民族と協力して設けた公正で透明かつ効果的な措置によって、国が保有する儀式用具並びにその遺体及び遺骨へのアクセス並びに／又は返還を可能にするよう努めなければならない。」として遺骨返還請求権を具体的に基礎付けている。

ここでの特徴は、先住民族が当該コミュニティすなわち「Peoples」として、遺骨の返還に対する権利をもつことを認められたものである（一二条一）。

自由権規約

上に述べたような先住民族の権利については、日本も批准し国内法的効力を有する自由権規約（日本の署名：一九七八年五月三〇日、発効：一九七九年九月二一日）にも同様の定めをみつけることができる。

自由権規約一条は、「一・すべての人民は、自決の権利を有する。」として、すべての人に自決の権利を認める。

また、同二七条は、「種族的、宗教的又は言語的少数民族が存在する国において、当該少数民族に属する者は、その集団の他の構成員とともに自己の文化を享有し、自己の宗教を信仰しかつ実践し又は自己の言語を使用する権利を否定されない。」として、集団的に行使される少数民族の権利を定めている。

これら自由権規約の国内実施について、日本の裁判所はどのような義務を負うのか。これについて定めるのが、自由権規約二条および自由権規約委員会による一般的意見三一である。

同一般的意見三一は、パラ四において、「政府のすべての部門（行政、立法および司法）……は、全国、地域、もしくは地方といかなるレベルにあっても、締約国の責任を引き受ける地位にある。」とし、憲法や国内法の整備が未了であることをもって、条約上の義務の不履行を正当化することができないことを述べている。このことは、同パラ五が、「第二条一項の義務は、すべての締約国に対して即時的効果をもつものである。」として、締約国が即時実施の義務を負うことにもあらわれている。

小括

以上見てきたとおり、植民地主義に対する地球規模での反省および世界のあらゆる場所で歴史的に搾取されてきた先住民族の置かれた状況に対する国際的な認識のもと、これまで述べてきたような国際会議・コンセンサスが積み重ねられてきた。その具体化が、自由権規約をはじめとする人権条約、さらにはウィーン宣言および行動計画、ダーバン会議宣言および行動計画、先住民族権利宣言、ＩＬＯ一六九号条約等に具現化されている先住民族の権利（とりわけ集団的に行使される自決の権利）であるといえ、その権利の保護・促進・尊重は、世界共通の認識、国際慣習になっている。

そして日本も留保なく批准し国内法的効力を有する自由権規約およびその二条が国内実施の義務を定めているばかりでなく、ウィーン会議、ダーバン会議への参加、そして、先住民族権利宣言に賛成票を投じるという一連の国際協調の立場表明によって、かかる国際慣習法を国内実施する責務を負うに至っているといえる。よって日本の裁判所は、先住民族の権利に関するこれら国際慣習法を日本国内の法適用においても参照する義務を負うといえる。このことはまた、日本国憲法の要請でもある。なぜなら、先住民族の権利を認めるべき実質的根拠は先に述べたとおり価値多元主義に基づいているところ、価値多元主義は日本国憲法上の要請でもあるからである。

（弁護士　具良鈺）

5　遺骨の祭祀承継者

本件裁判は遺骨の返還請求訴訟であることから、その返還請求権を基礎づける法的根拠をどのように構成するかが問題となる。この点、民法第八九七条第一項は、次のとおり定める。

「系譜、祭具及び墳墓の所有権は、前条の規定にかかわらず、慣習に従って祖先の祭祀を主宰すべき者が承継する。ただし、被相続人の指定に従って祖先の祭祀を主宰すべき者があるときは、その者が承継する。」

弁護団としては、上記民法第八九七条第一項も根拠とし、原告らが本件遺骨の所有権を有するとして返還請求を主張している。

民法第八九七条第一項の説明

民法第八九七条第一項の文言のとおり、同項は直接的には遺骨の所有権について規定していない。しかしながら、最高裁判例等は、遺骨の所有権についても民法第八九七条第一項が適用される旨判示した。すなわち、最判一九八九（平成元）年七月一八日（家月四一巻一〇号一二八号）は、「原審の適法に確定した事実関係のもとにおいて、本件遺骨は慣習に従って祭祀を主宰すべき者である被上告人に帰属したものとした原審の判断は、正当として是認することができ、その過程に所論の違法はない。」と判示し、また名古屋高判二〇一二（平成二四）年三月二九日（裁判所ウェブサイト）も、「……他方、遺骸又は遺骨の所有権は、民法八九七条に従って慣習上、死者の祭祀を主宰すべき者に帰属するものと解される（最高裁平成元年七月一八日第三小法廷判決・家裁月報四一巻一〇号一二八頁参照）ので、その管理、処分に要する費用も祭祀を主宰すべき者が負担すべきものと解するのが相当であるからである。」と判示した。

　このように、遺骨も有体物として所有権の対象とはなるが、その所有権の帰属については民法第八九七条第一項に基づき祖先の祭祀を主宰すべき者がこれを承継するとしたのである。

「慣習」の現代的意義

　では、誰を祭祀承継者とするのかの判断基準である民法第八九七条第一項の「慣習」とはどのような意義を有するのか。この点、一般的に、「慣習」とは、被相続人の出身地の慣習またはその職業に特有の慣習であるとされている。

　しかしながら、弁護団としては、先住民族の遺骨について発展的な解釈を展開してきた国際人権法に照らし合わせ、「慣習」の意義をそのように限定的に捉えていいのだろうかという問題意識を有する。

　すなわち、ここでは詳論しないが、自由権規約第二七条、一九九二年に採択されたマイノリティ権利宣言、二〇〇七年になされた先住民族の権利に関する国連宣言、独立国における先住民及び種民族に関する第一六九号条約、ウィーン宣言及び行動計画、ダーバン会議宣言及び行動計画等は、遺骨返還請求権をはじめとした先住民族の権利の即時実施を要請している。このように、先住民族や少数民族並びに遺骨の返還等に関する国際人権法も発展し、まさしく、「スタンダード」が発展してきたのである。そうであるのならば、民法第八九七条第一項が規定する「慣習」という判断基準も当然に変化すべきであり、上記「慣習」の内容や該当性を判断及び解釈するに際し、上記各国際人権法の趣旨等を読み込んだうえでこれを行うべきなのである。

　具体的には、民法第八九七条第一項の「慣習」は、先住民族・少数民族の文化伝統を持続する権利が保障されるように解釈されるべきであること、先住民族・少数民族が遺骨に対するアクセス権が保障されるように解釈されるべきであること、上記各権利は集団の権利であるという前提に立ち解釈されるべきであることが導かれるのである。

本件遺骨の祭祀承継者

　ここでは詳論しないが、百按司墓は北山時代及び第一監守時代の貴族の墓であるから、本件遺骨は第一尚氏貴族らの遺骨なのである。この点、原告五名のうち二名は第一尚氏の子孫であるから、本件遺骨の祭祀承継者となる。そして、残りの三名は琉球の先住民族であることから、やはり本件遺骨の祭祀承継者に該当するのである。

（弁護士　李承現）

哀しき哉、我が先祖！

原告　亀《かめ》谷《や》正《まさ》子《こ》

私は一九四四年七月三〇日に、南洋群島テニアン島で生まれました。父が出稼ぎで南洋興発という国策会社の工場勤めをしていて、母と見合い結婚し一九四一年兄が誕生しました。その僅か一〇日後の一二月八日に真珠湾攻撃で太平洋戦争に突入。しかし、テニアン島の友軍たちの「自分たちが死守するから大丈夫だ」との言葉で、大きな不安も抱かず生活していました。赤ちゃんコンクールで兄が、同体重の三日若い児に優勝をさらわれたと母は残念そうに話をしました。小学五年生から自分の服を仕立てていた母は、当時は既製服がない時代で、内職の洋裁が大繁盛して父に劣らぬ収入を得て、故郷に錦を飾る日の為にせっせと貯金に励み、大衆風呂に行く途中でアイスキャンディを欲しがる兄に、三度に一度しか与えなかったことを、「毎回食べさせれば良かった」と、私が大学卒業後に母と初めてアイスクリームを食べた時に、昔のことを涙ぐみながら話しました。戦争がテニアン島に来るまでは、親子三人の幸せな暮らしがありました。

しかし、一九四四年二月二三日初めての空襲。以後空襲がある度に、西海岸の会社宿舎からカロリナス台地の防空壕まで、母は身重の身体で避難を繰り返し、六月一三日は海からの激しい艦砲射撃も加わり、宿舎に戻れず山の壕への最後の避難となり、その壕で私は誕生しました。私が生まれたその晩に二人の友軍が来て、他の壕に移るよう指示されて近くの壕らしき所に入りましたが、翌日昼頃の艦砲射撃で小さな壕の入り口に居た父と兄は死亡、お産翌日で壕の奥で私に添い寝していた母と二人は無傷でした。

原告亀谷正子の家系図

母は乳児の頃に肺結核罹患したのでしょう。子守をした五歳年上の姉が背中から落として傷めた腰・脊椎に結核菌が取り付き、満一歳になっても立たせると痛がり泣いて座り込む状態でしたが、母親の再婚で連れ子となった八歳の時に、初めて病院を受診して一年八か月間ギプスを巻き、生まれて初めて立ち上がれるようになりました。一一歳から就学をした母を、養父は県立一高女にも通わせてくれました。しかし、戦争中身重の身体で頻繁な避難を繰り返し、幼少の頃の腰・脊椎カリエスが再発し、最後の避難の時は父の肩を借りての歩行でした。母は次の爆弾が飛んで来たら自分の死ぬ番だと思っていたそうですが、二度と飛んで来ず、産後四日間も飲まず食わずのため激しい渇きを覚えて、水を一口飲めれば殺されても本望と、壕の下方で作業をしていた米兵たちに白いハンカチを振り、やって来た二人に「Give me water.」と頼み、二人の水筒を飲み干したとのことです。母娘は収容所に連れて行かれ、叔母（母の二一歳の同母妹）と会えました。母は一か月後に左大腿部から夥しい排膿があり、大腿骨骨頭を含む一五センチが腐食で失われ、特別身体障害者となり、沖縄へ引き揚げるまでの一年八か月の間、父と兄の遺体のある場所に叔母を案内することも出来ませんでした。

一九四六（昭和二一）年三月下旬に母娘は米軍占領下の沖縄へ引き揚げ、母はしばらく県立中部病院に入院しましたが、その後母の実父が避難民として牛小屋に住んでいる越来村（現沖縄市）に行きました。祖父は後妻の娘（母の異母妹）と暮らしていて、米軍基地で働きパーマネントの技術を学んだ叔母は一九五一（昭和二六）年に自力で家を建て、その一角に私が大学を卒業するまで住まわせてくれました。生活費の援助は受けなかったとのことです。母は裁縫と生活保護の僅かな支給金で、私を育てました。幸いにも、私は一九六一（昭和三六）年に沖縄に初めて適用された日本育英会の高校・大学特別奨学生に合格し、一九六二（昭和三七）年に熊本大学薬学部に入学しました。

母は戦争中に再発した腰・脊椎カリエスが悪化し、一九四六（昭和二一）年から一九六五（昭和四〇）年までの一九年間、昔の傷口から少しずつ排膿が続いていました。患者として一度も治療を受けることなく、驚異的な免疫力で生き延びましたが、私の大学進学前から年々患部の痛みが増して裁縫仕事もはかどらず、日本政府による結核患者の本土療養所送り出しに応募し、一九六六（昭和四一）年三回目で合格し、国立村山療養所で六時間に亘る人工骨頭固定術を受けました。

勿論、私は在学中に東京見物や旅行もできず、母方祖父の葬式にも帰沖する経済的余裕がない状況でした。一九六六年卒業後の五年目には、叔父が祀っていたお位牌を受け取りましたが、何と、高祖父夫婦他沖縄戦で戦死した一八歳の叔父を含め一〇名分の名前が有り、二歳八月で死んだ兄が牛亀谷小《うしかみぐぁ》家（牛は屋号、小家は分家を意味する）五代目の長男であることを知り、また、出稼ぎで父親の最期を看取れず、故郷に戻れぬまま己だけでなく息子の命までが果てた父の無念さを思うと、胸が潰れそうでした。

私は四八歳になって自分のルーツ探しを始めました。それまでに、北谷《ちゃたん》始祖は与那原《よなばる》町の親元から分家したとの叔父や親戚からの情報がありましたので親元の家を訪ね、そこで亀谷家は明姓で、第一尚氏子孫であると教わりました。

琉球歴史については、学校で教わることもなく、第一尚氏は第二尚氏に取って代わられたとの大まかな知識しかありませんでしたので、先祖と言われても俄かに信じ難く、子孫としての敬愛の情も湧きませんでした。北谷亀谷の親戚には、手作りの系図を作成して配りましたが、それまで誰一人、第一尚氏子孫と認識している者はいませんでした。その後私は、第一尚氏について勉強せず、歴代七王の墓が何処にあるかさえの関心もないままに過ごしていました。

二〇一七年に今帰仁村運天の百按司墓からの盗骨問題を知って、遺骨返還を拒み、松島教授を門前払いして琉球・沖縄人差別をする京大を赦せないと憤った私は、松島教授に「裁判になったら応援します」と伝えました。翌年四月に松島教授から「京大はこちらを無視し続けているので提訴することにした。原告となる第一尚氏子孫を探している」との話があり、何故第一尚氏子孫なのか質問しましたら、第二尚氏時代の正史『中山世譜』や『球陽』に、百按司墓には第一尚氏の貴族たちが葬られているとの記述があるから、その子孫は原告になれるとの説明があり、私は原告に立候補しました。

このように第一尚氏について勉強不足の私は、その時点でも、一八七九年の明治政府による琉球併合後に植民地支配を受けている琉球・沖縄人の、尊厳の回復と自己決定権確立のために役に立てる喜びを感じただけでした。しかし提訴の翌年六月に原告として今帰仁村の集会で挨拶することになったとき、一四一六年に我が先祖尚巴志《しょうはし》が山北《さんほく》を攻めて、敵味方の大勢の死体が運天の百按司

琉装で原告意見陳述に臨む原告
（第１回口頭弁論2019年３月８日）

墓の崖下一帯に累々と横たわっていたとの民間伝承歴史本を読んで、死体の大部分は恐らく敗れた山北の侍たちであり、夫や息子を失った妻たちの悲しみやその後の生活は辛く苦しかったであろうと思いを馳せると、母の戦後の生活と重なり、六〇〇年前の遠い昔の出来事でも、先祖が今帰仁の人たちを殺生したことを詫びずにはいられませんでした。尚巴志の息子たちは次々と北山《ほくざん》監守として今帰仁城に居住し、北のトカラ列島まで見張り、尚巴志は一四二九年には山南を滅ぼして琉球国を統一したのですが、最初の一四〇六年の中山《ちゅうざん》王武寧《ぶねい》との戦いから三山統一までに、どれほどの多くの血が流れたことでしょう。

第一尚氏は、進貢貿易・南蛮貿易を推進し、朝鮮や室町幕府との交易を行い、首里城を築き、海で隔てられていた那覇と首里を繋ぐ長虹堤《ちょうこうてい》を造り、仏教を奨励し各所に寺社仏閣を建立して梵鐘を鋳造し、大型の〝万国津梁の鐘〟を一四五八年に首里城正殿に掛けて、世界雄飛の気魄を示しました。僅か四〇年の治世でしたが、琉球国の基礎を作ったといわれています。最後の二八歳の尚徳王は、頭脳体力とも優れ、よく学を修め武勇に秀でて、知勇世に稀なる王であったと伝わっています。残念なことに、墓の所在は不明です。

唯一生き延びた尚徳王の三男（数三歳）は先祖の郷里で匿われて育ち、養父屋比久主の息子屋比久大屋子と名乗り、その孫は王府勤めとなり、兼城間切照屋地頭に任じられて照屋親雲上長太となりました。一六八九年に系図奉行が設置され家譜作成を命じられたときに、嘗て敵対した第二尚氏王府を憚って「先祖は尚徳王」と書けず、後にこのことが災いして、戦災を免れた亀谷本家の系図に、照屋親雲上長太（親雲上とは琉球王府の役職、左図参照）が明姓一世となっています。

私は原告として行動するうちに、第一尚氏が次第に身近に感じられてきて、ご遺骨を取り戻す使命を先祖から与えられているとの強い自覚を持つようになりました。「勝者必衰の理」とは言え、貿易を介して東アジアの平和と友好の架け橋を目指して羽ばたいて行く志半ばで、若くして没した先祖尚徳王が哀れに思われ、その子孫は、第二尚氏時代には出自を隠して生きて行くうちに、先祖の第一尚氏が嘗て築いた業績も知らず、私のように幼少で父親を失った子にも伝わっていなかったことも残念で、先祖に対して申し訳ない気持ちで一杯です。

今、百按司墓の先祖の骨神は、学術資料としてＤＮＡ検査で砕かれて、この地上から永久に消滅する危機に立たされています。

京大よ、不運な目に遭った私の先祖第一尚氏のご遺骨を、どうか、どうか返して下さい。

【琉球王府位階図】

王子 － 按司《あじ》 － 親方《うぇかた》 － 親雲上《ぺーちん》 － 里之子《さとぅぬし》親雲上 － 筑登之《ちくどぅん》親雲上 － 里之子 － 仁屋《にや》

沖縄県教育委員会は琉球人の心で考えて！

原告　玉城《たまぐしく》　毅《つよし》

私の基地反対闘争

私は五七歳の時に早期退職し、それから基地反対運動に参加し始めました。

二〇〇七年五月六日に辺野古に行った時、運動現場を見て自分の責任を感じカヌー隊に参加することにしました。そこでは若い女性も含めて文字通り命を張った工事阻止運動が繰り広げられていました。一つ一つ書くことはしませんが命の危険を感じることが何度かあった厳しい運動でした。事情があって二〇〇八年九月に辺野古の運動から離れました。

四年後のオスプレイ配備前二〇一二年九月二〇日七時、普天間米軍基地大山ゲート前歩道で海兵隊の車を止め、オスプレイ配備反対抗議を行いました。米兵がどういう反応をするか、車を突進させてくるのか、車から降りて殴りに来るのか、それとも車内から発砲するのか想像もつきませんでしたが、そういうことは起こりませんでした。近くには三分以内に来ることができる宜野湾警察署がありますが、警察官が到着したのは四〇分後でした。私をどう処理するのか審議していたのでしょう。逮捕すれば運動が大きくなるし、逮捕しなければこれもまた運動の広がりを招きかねないからです。警察官が一〇名程で私の横断歩道での行動を制限誘導し始めました。歩道を渡るならさっさと渡れ、一度渡ったらもう渡らせないと体で制止してきました。その他、車にノーオスプレイ、ノーベース、普天間基地撤去のプラカードを張って徐行運転で抗議を始めました。一一月には四〇名程のメンバーと一緒に行動しました。

オスプレイが配備されてから一年後の二〇一三年九月二五日、普天間米軍基地野嵩ゲート内に侵入を敢行し「強奪基地を返せ！」と書いたフェルトを掲げて抗議を行いました。この時も「銃で撃たれる」とか「毒を盛られる」など言う人がいました。私は「軍用犬をけしかけられる」かとも思いましたが、ケガなど負わされることはありませんでした。八時間後に県警に引き渡され宜野湾警察署に拘留されました。これまでの運動は怒りに任せた現場での運動でした。

遺族にとってのご遺骨

二〇一七年から松島泰勝龍谷大学教授の「琉球人遺骨返還運動」を知り賛同し参加したいと思いました。

二〇一八年一二月四日訴訟の提起が行われ、私も原告の一人として加えてもらいました。提訴前の京都大学の松島教授に対する対応は酷いものです。京都大学は琉球人遺骨を返そうとしない。松島教授への差別的対応、誇りを踏みにじる酷いやり方であり、強い憤りを感じました。京都帝国大学助教授金関丈夫が今帰仁村運天にある百按司墓から祭祀承継者に無断で持ち去った、また琉球列島内各地から取得したご遺骨であり、最初から盗骨という犯罪による集骨です。

私は二十数年前に家系図を従兄からもらいました。百按司墓に祖先の遺骨があることを知りました。それをきっかけに今帰仁村近隣を訪れる時は果物などを捧げて参拝して回りました。今帰仁ヌブイといいます。

二〇一七年八月二四日、百按司墓からご遺骨が盗まれていたと知った時、「祖先のご遺骨のない墓」に手を合わせていたことに大変屈辱を感じました。虚しい気持ちと、無視され、権利を奪われ、心に穴が開いたようになり、大きな怒りが湧いてきました。盗人に

家系図を示す原告玉城毅

はその怒りは分からないでしょう。

天皇の墓は開けることはしないが、琉球の王家や貴族の墓は開けて骨を盗んでもよいということは琉球を軽く見ているということであり、許されるものではありません。

ご遺骨が墓の中にあるのは当たり前のことであり、先祖に祈りを捧げる為にそれが欠かせないことを初めて強く感じました。

金関丈夫によるご遺骨の盗掘は、安心して先祖を供養するという、私たちの生活を打ち砕き、大変な苦しみを与えています。本来ならしなくてもいい提訴という大変な苦労をしてまで、ご遺骨を取り戻さなければならなくなりました。

台湾大学から返還されたご遺骨——沖縄県教育委員会を問う

京都大学を相手に提訴した翌年、二〇一九年三月一八日に台湾大学より六三体のご遺骨（頭蓋骨のみ）が沖縄県教育委員会に返還されました。このご遺骨は金関丈夫が一九三六年に台北帝国大学医学部教授に就任したことで当大学へ移管されたのです。

六三体のご遺骨は沖縄県埋蔵文化財センターに収蔵されましたが、沖縄県教育委員会は金関丈夫がやった盗骨は違法ではないと主張し、したがって元のお墓に戻さず再び調査、研究に供用する予定であるといいます。

学問の為と称して遺骨保管の権利を主張しているのは、他人のものを盗んでも学問のためだったら許されると考えているからではないでしょうか。

盗人自身が記録した盗骨

一九二九年に行った盗骨について、金関丈夫自身が『琉球民俗誌』に書いています。

「一月八日。快晴。八時、県庁の車が来る。この日は学務課長福井氏の案内で、島北国頭地方、俗に山原《やんばる》を訪問する日である。武田氏、北村氏、福井氏、いづれも痩軀といえないひとびとである」

「私は後日これらの遺骨を徹底的に採集しようと覚悟を定め、この日はこの好機会を利用して、でき得るだけ完全なるものをまず持ち帰ろうと、失礼にも武田博士を助手と頼み、数個の頭蓋を第四号洞より取り出し、羊歯の葉などでこれを包み、大風呂敷で自動車まで運んだ。北村貴族院議員に『一つあればいいではないか』と、嫌な顔をされたのは恐縮であった」

「私は山原に止って独り採集を続行する利益を知っていたが、学務課長福井氏は、一応警察部の諒解を得、その応援を待つのがよいと説かれたので、これに従ったのである。」

「一月九日。……私は運天港百按司墓遺骨採集に関して警察部の許可を得るため、……まず産業課長井田憲次氏に面会し、諸般の斡旋を依頼する。……正午近く警察部長関氏が登庁されたので、諸般の手続きはたちまち終わり、……」

（『琉球民俗誌』法政大学出版局、二〇〇八年、二二九～二三七頁）

これが金関丈夫の一月八日、九日の行動記録です。許可を得る前に、また、許可を得ようとする考えもなく盗骨した状況が書かれています。

沖縄県教育委員会との交渉——ご遺骨は元の場所へ

私達は六三体のご遺骨を元のお墓にお戻しして、再風葬をしてもらいたく、二〇一九年三月二六日、教育委員会に「要望書」を提出しました。返ってきた答えが、祭祀承継者の権利を無視した返答です。

一　再葬しない。
二　当該人骨の採集地、古墓が特定されていない……今後も保管する……
三　保管現状のままご確認いただくことは可能です。

という傲慢な対応です。

二〇一九年八月一六日に、一回目の移管されたご遺骨に対する情報開示請求を行いました。公文書開示請求書の「公文書の名称」の欄には「全ての公文書」としましたが、文化財課の担当職員は「文書は協議書しかない」との説明でしたので、「協議書ですね」と念を押して「協議書」と書き加えました。「協議書」は移管手続きの全作業の記録が書かれていると思われたからです。

ところが、二〇一九年九月二七日に開示されたのは、日本語の「沖縄人骨移管協議書」紙一枚でした。

「行政機関の保有する情報の公開に関する法律」第二二条で「行政機関の長は、開示請求をしようとする者が容易かつ的確に開示請求をすることができるよう、……当該行政機関が保有する行政文書の特定に資する情報の提供その他開示請求をしようとする者の利便を考慮した適切な措置を講ずるものとする。」とあります。また、「平成一七年四月二八日総管管第一三号総務省行政管理局長通知」には「国民は、求める情報が行政機関においてどのような形で存在しているかを知らず」と、国民はどういう公文書があるか知らないということに留意するよう書かれています。

文化財課の対応は、不作為としか言いようがありません。私たちの追及で、他にもまだ多くの公文書が存在することが明らかになりました。一〇月四日に二度目の開示請求を出すことにしました。①中国語の協議書原本、③平敷昭人教育長と今帰仁村の担当者との協議内容に関する文書、⑤頭蓋骨一個一個の情報、その採集場所、各々の総数、頭蓋骨以外の遺骨の保管先に関する文書、⑥遺骨を引き継ぐ際に確認した遺骨に関する文書、⑦沖縄県立埋蔵文化財センターの頭蓋骨箱に記載されている事項、また、人骨原簿上の人骨番号に関する文書。遺骨情報の人骨原簿、一覧表、⑧「保存状態が良好であり、重要な文化的遺産となっている」ことを評価し、証明する文書、⑩文化財保護法には遺骨は文化財として明記されていないが、沖縄県教育委員会が遺骨を保管することができるとする法的根拠に関する文書、などを含む具体的な一一事例を示して関連文書を請求しました。

沖縄県教育委員会・文化財課長との交渉

二〇一九年一〇月二四日の第二回情報開示の前日、文化財課長と話し合う為に、「支える会」メンバーの玉城《たまき》和宏《かずひろ》氏と渡口《とぐち》正三《まさみ》氏とともに、文化財課を直接訪問しました。課長の話しは、誤魔化しや話の筋のすり替えが多い、いい加減なものでした。その時の内容を抜粋します。

課長：その時に協議書ですかって言うことで確認して、「協議書で宜しい」と玉城さんが言ったというふうに僕は聞いているんですよ。（担当職員が「協議書」しかないと言った。責任を私にすり替えている）

課長：その件に関しましてなんか「行き違い」っていうか、うちの担当と玉城《たまぐしく》さんで、「意志の疎通ができてなかった」かなと。（話は互いに理解していた）

課長：この関係文書を、「仕分けをしてやっている」っていうことなんで。（全て請求したのに選別をしている）

課長：協議書に関してはもう見せているし、今回原文の中国語も見せろと言うので。

支援の会：なぜそれを見せないんですか。

課長：「同じ内容」ですからね。（同じ内容だったら見せなくてもいいのでしょうか）

私たちが事実を突きつけると文化財課長は黙ってしまい、怒ったのでしょう、しばらく私をにらみ続けました。当初から私たちの権利を奪ったのですから、怒るべきなのは私たちの方です。まるで、教育庁に公文書の所有権があり県民には見る権利がないかのごとき考えです。

また、意味の分からない文書も出してきました。ご遺骨を所有できる根拠として、「死体保存許可証」を出してきたのです。「死体保存許可証」は死体を扱う時に出す証明書で、ご遺骨の所有権を担保するものではありません。教育長が遺骨を保管できる権利がある根拠のように振る舞っています。納得がいかないため、文化財課長との二回目の話し合いを求めましたが、一回目の文化財課での話し合いと全く同じ内容の発言に終始しました。そのため、教育長との話し合いを要請しました。

アイデンティティの確立を求めて

何度も要請した結果、ようやく二〇二〇年三月二六日、支える会と教育長との話し合いがもたれました。当日、文化財課長が冒頭から話し合いは一五分しかできないと言いだしました。前もって二五分の約束をしていながらです。しかし、一五分間と教育長は思い込んでいる様子でした。教育長は話し合いが二五分間に変更されたことを知らない様子です。少ない時間の中で支える会メンバーの一人が、今後大きな問題になると思われる「沖縄人骨移管協議書」締結について、教育長から、「外国との協議書締結が県議会にかけずに教育長でもできる」との回答を引き出しました。当然、参加メンバー一〇人は憤りました。この教育長は任期二年を残して退職します。課長は今年度で定年です。両人がご遺骨の再風葬問題から逃げるように辞めていきます。

このように教育長面談は、引き延ばしに引き延ばされ、丸一年間かかりました。教育長と文化財課長の一連の対応は、元のお墓に戻すことを困難にさせ、再風葬ができないことにより最終的に琉球の文化、風習の無価値化を生じさせる結果になります。肉親に対する尊敬、信頼感、尊厳、個人の自信、信念という生き方の根幹が揺らぎます。琉球人のアイデンティティの確立を阻害する結果を招きます。

教育庁・教育委員会は、京都大学と日本人類学会の植民地主義がそのまま乗り移ったかのようです。

また、盗掘したご遺骨を台湾大学は戦後七四年保管してきました。このことについて台湾大学として償いをしなければならないと思っています。

現在、私たちと教育委員会との考え方に大きな溝があります。しかし、ここは琉球です。京都とは違います。次の教育委員長、文化財課長も琉球人がなることに決まりました。まだ私たちの権利と文化を守ることができる可能性は大いに残っています。

ウチナーの未来はウチナーンチュが決める

原告　衆議院議員　照《てる》屋《や》寛《かん》徳《とく》

（意見陳述）

サリ　ウートゥトゥ　ウートゥトゥ。（供養の言葉）

百按司墓から旧京都帝国大学の金関丈夫助教授によって、盗骨されたウチナーヌ　ウヤファーフジ（沖縄・琉球のご先祖）の神々よ、ウートゥトゥ　ウートゥトゥ。

原告の照屋寛徳です。裁判長、意見陳述の冒頭にウヤファーフジの神々に一点だけ報告をお許しください。

去る一〇月三一日、首里城が火災で焼失しました。神々よ、ビックリしたでしょう。首里城は琉球王朝時代の政治・外交・文化の拠点であり、ウチナーンチュの魂そのものでしたね。でも、神々よ、心配いりません。世界中のウチナーンチュが直ぐに首里城再建に立ち上がりましたよ。首里城は、ウチナーウマンチュ（沖縄・琉球人御万人）が主体となり、再建します。

さて、私と原告金城實の妻は、同じ易氏の門中で第二尚氏の末裔です。易氏門中は、今でも毎年「今帰仁御回ぃ」の聖地巡礼と百按司墓での供養を続けています。裁判官、本件訴訟における原告適格は、第一尚氏の末裔だけでなく、広く琉球・沖縄人全体が原告適格を有することを申し上げます。もちろん、原告五人も全員です。

私は、一九四五年七月にサイパン島の米軍捕虜収容所で誕生しました。「捕虜が生んだ捕虜」であります。私と同年に沖縄で生まれた者の中には、お墓の中で生まれた者がたくさんおります。死んでから入る墓の中で、なぜ新しい命が誕生したのか、裁判官の想像を絶することでしょう。

軍民混在の戦場となり、「ありったけの地獄を集めた」沖縄戦で、幾多の住民は防空壕やガマ（自然洞窟）に避難しておりました。旧日本軍は、住民を砲煙弾雨の中に追い払い、自分たちが隠れたのです。日本軍は住民を守りませんでしたが、亀甲墓、門中墓、フィンチャー墓（掘り込み墓）は、住民の命を守り、安置されている骨神と共に新しい生命の誕生の場となりました。これが沖縄戦の実相の一つです。

裁判官、私は衆議院議員として、本件に関連し二〇一七年八月、国政調査権を発動し、文部科学省を介して京都大学に照会しました。

京都大学は、百按司墓から金関が盗掘した琉球人遺骨を同大総合博物館収蔵室に収蔵していることを初めて認めました。同時に、遺骨はプラスチック製の直方体に収納されていること、「人骨目録」は作成していないこと、京大研究者の「人骨標本」に基づく研究成果発表の記録がないこと等を明らかにしましたが、遺骨返還の意思については明確な回答がありませんでした。

その後、私は二〇一八年三月、同年四月に京都大学山極総長に公開質問状を発出し、早期の遺骨返還を求めましたが、京都大学の態度は不誠実極まりなく、傲岸不遜、盗人猛々しい植民地時代の宗主国の態度です。

本件訴訟における原告らの訴えは、憲法、関係法令、「先住民族の権利に関する国際連合宣言」等の国際法に照らしても正当です。

明治いらいの近現代史の中で、常に国策の犠牲を強いられ、今なお日米の軍事植民地として扱われ、人間としての誇りと尊厳を否定されている琉球・沖縄人。

原告松島は、著書や論文等で、本訴での被告の態度は学知の植民地主義だと断罪し、大学による差別と人権無視だと強く批判しております。

裁判官、私は一九七二年に弁護士登録し、現在に至っております。その後、一九九五年に参議院議員に初当選し、一期務めた後、二〇〇三年に衆議院議員に当選し、現在六期目です。

私は、参議院議員時代から「ウチナーの未来はウチナーンチュが決める」との政治信念で、「無憲法」下の米軍直接占領時代、そして日本復帰から今日に至る「反憲法」下のウチナーに生きる政治家、法律家、一人のウチナーンチュとして、国策の犠牲の強要と闘ってきました。私が本訴の原告に加わったのは、憲法第一三条、同第一四条の精神をウチナーの今に具現化したい、との願いからです。

裁判官におかれては、法と証拠と良心に照らし、原告らの訴えを認容し、被告の理不尽を排するとともに、原告ら琉球・沖縄人が一日も早くウヤファーフジの神々（骨神）を百按司墓に再埋葬し、供養できますようお願い申し上げ、意見陳述とします。

突然の病魔に冒される

私の場合「病魔に冒される」とか「病魔が襲った」との表現は適切ではないかもしれない。正確には、一五年前に発症し、引き摺ってきた脳梗塞の後遺症（特に右足の麻痺）が突然に悪化した、だろう。二〇一九年一二月九日の臨時国会最終日のことだ。前日まで日課である一時間のウォーキングをこなしていたのに、その日から右足に力が入らなくなった。とにかく右足が重たい、ヨチヨチ歩きだ。七四歳の杖つき老人となり、現在リハビリ療養中だ。

松島教授からの原稿依頼に十分に応えられないのが悔しい。松島先生、ユルチィクミソーリ（許してください）。

削除された意見陳述

私は「琉球民族遺骨返還等請求事件」の原告のひとりとして、第四回口頭弁論期日で意見陳述した。その際、事前に作成した意見陳述書（上掲）から裁判官・弁護団の事前協議で次の部分が削除された。

私は「裁判官、意見陳述の冒頭にウヤファーフジの神々に一点だけ報告をお許しください」と前置きした上で、「去る一〇月三一日、首里城が火災で焼失しました。神々よ、ビックリしたでしょう。首里城は琉球王朝時代の政治・外交・文化の拠点であり、ウチナーンチュの魂そのものでしたね。でも、神々よ、心配いりません。世界中のウチナーンチュが直ぐに首里城再建に立ち上がりましたよ。首里城は、ウチナーウマンチュ（沖縄・琉球人御万人）が主体となり、再建します」と述べる予定だった。

本訴との直接的な関連性で削除はやむを得ないが、現に多くの個人や企業・団体が県内外、世界中から再建資金を寄せ、ウチナーンチュが主体となって技と知恵を結集し、首里城再建が着々と進んでいる。

サリウートゥートゥ。百按司墓から盗骨された骨神の神々よ、首里城再建までミーマンティクミソーリ（見守ってください）。

お墓の中で誕生した命《いのち》

私は、本訴の意見陳述の中で、私自身が「捕虜が生んだ捕虜」としてサイパン島の米軍捕虜収容所で生まれたこと、沖縄で生まれた同年生には旧日本軍から防空壕やガマを追われ、亀甲墓や門中墓で生まれた者が多いことを述べた。

おそらく百按司墓も「ありったけの地獄を集めたような」沖縄戦の中で、住民が避難し、いのちの誕生の場となったことであろう。この沖縄戦の実相のひとつを裁判官が正しく理解することなしに本訴原告らの真意を判断することは不可能だ。

ウチナーの未来はウチナーンチュが決める

一九九五年七月の参議院初当選以来、私の政治信念である。

この場合の「ウチナー」とは沖縄・琉球のこと、「ウチナーンチュ」とは、沖縄・琉球人を指す。一九九五年は、敗戦五〇年の節目であり、私はこの言葉に、明治以来の近現代史の中で常に国策の犠牲にされてきたウチナーとウチナーンチュの未来を自分たちの力で拓いていこう、との決意と共感・共闘の思いを込め、アピールしたつもりだ。

当時の私の意識の中に、日米の軍事植民地と化したウチナーで、ひとりの政治家としてどのように日米両権力者に抗い、ウチナーンチュの尊厳を守るために闘っていくか、という思いは強かったが、「自己決定権」の確立という思いは正直なかった。沖縄の論壇や学者・市民運動家の主張の中にも、当時「自己決定権」からのアプローチはなかった気がする。

「自己決定権」とは、自分のことは自分で決める権利。国家の独立と内政不干渉の権利や医療方針の決定などで、個人の自律性が尊重される権利、と手元の広辞苑にはある。ならば私の政治家としての信念である未来選択は、ウチナーンチュの「自己決定権」確立の訴えそのものだ。

盗骨された琉球人遺骨

二〇一九年二月一日に耕文社から発行された松島泰勝・木村朗編著の『大学による盗骨——研究利用され続ける琉球人・アイヌ遺骨』は名著である。是非とも多くの方々に読んでいただきたい。

私が、旧京都帝国大学の助教授だった金関丈夫によって今帰仁村の百按司墓からウヤファーフジのご遺骨が盗み出されたことを最初に知ったのは、琉球新報社の宮城隆尋記者の連載記事だった。

宮城氏は、知る権利と表現の自由を守るために闘うジャーナリスト精神旺盛な、私が尊敬する記者のひとりだ。前掲書にも「琉球人遺骨問題と自己決定権」と題する論文を寄稿している。

私は、二〇一二年二月に琉球新報社から『沖縄から国策の欺瞞を撃つ』を出版した。拙著の中で、国策による構造的沖縄差別と犠牲の強要を問い、日米の軍事植民地のように扱われる基地沖縄の実態を告発した。

宮城氏は、前掲論文の中で「ウチナーンチュは基地を返還させることもできなければ、遺骨を返還させることもできない。自分たちのことを自分たちで決めることができない。今も続く植民地主義によって、自己決定権を剥奪されている。米軍基地問題と同様に、差別と植民地主義に光を当てているのが、琉球人遺骨問題だ」と論じている。全く同感だ。

京都大学の学知の植民地主義

私は、前掲書所収「ウヤファーフジ（先祖）の遺骨を返せ」の論稿の中で、盗骨された琉球人遺骨の返還を京都大学に求めた経緯を詳述した。結論として、未だに遺骨返還を拒む京都大学の態度は許せない。不誠実で最高学府の名に値しない。心底ワジワジーする（怒る）。京都大学は、学知の植民地主義に侵され、ウチナーンチュを差別している。

京都大学を被告として提訴した「琉球民族遺骨返還等請求事件」の主任弁護士・丹羽雅雄氏は、前掲書所収「百按司墓の盗掘と植民地主義」の論稿の中で、本件訴訟の本質的事項は何か、と問い、次のように論述する。

第一は、明治以降から現在に至る日本国家・社会の琉球・沖縄に対する植民地支配、植民地主義という歴史の清算の問題である。

第二は、戦後の国際人権法秩序における植民地主義、民族的マイノリティの権利、先住民の権利と琉球・沖縄との関連性の問題である、と。

そのうえで丹羽主任弁護士は、論稿の結びで次のように述べている。

「琉球人遺骨返還請求は、先住民族でもある琉球民衆の自己決定権の行使であり、脱植民地主義への闘いでもある。」「琉球・沖縄民衆の自己決定権、脱植民地主義への闘いに対して、『何をすべきか』が問われているのは日本（ヤマト）の私たち一人一人である」と。

その通りだ。異議なし！　ウチナーンチュがヤマトンチュに求めているのは同情や憐憫の情などではない。自立する連帯の闘いだ。

さぁ、顔を上げ、前を向いて、共に京都大学の学知の植民地主義や日米両政府の沖縄に対する軍事植民地主義と闘っていこう。

おわりに

私は、一九九五年七月に参議院議員に初当選し、二〇〇三年に衆議院議員に転身して六期当選を重ねた間に、歴代政権の総理や各大臣に対し、ウチナーンチュは憲法第三章の「国民の権利及び義務」の主体たる「国民」か、と問うてきた。いや、ウチナーンチュは憲法上の日本国民として扱われているか、と追及してきた。

私が得た理解と結論は、虚しいかな「ウチナーンチュときどき日本人」である。明治以来の近現代史の中で、時の政権に都合の良い時は日本人として扱われ、都合が悪くなると、非国民（ウチナーンチュ）として法的処遇を受ける（政権の都合で、その逆の場合もある）。

私たちは、声を大にして「もうそんなのイヤだ」と叫び、ウチナーンチュの誇りと尊厳をかけて闘い続けなければならない。その証として、京都大学から盗骨されたウヤファーフジの骨神を取り返し、ふるさとウチナーの百按司墓に再風葬し、畏敬の念をもって弔いができるよう「琉球民族遺骨返還等請求事件」の勝利の日まで全力で闘おう。

二〇一七年五月に設立された「命どぅ宝！　琉球の自己決定権の会」は、次のような設立宣言を発した。

「戦後七〇余年、日米両国による軍事拠点化政策によって、常に私たちは生存権を脅かされ、自由な経済的及び文化的発展の追求を阻害され、恒常的な貧困を強いられてきた。私たちは「命と暮らし」の危機を脱するために、今一度自らの歴史に学び、自己決定権（脱植民地化）を行使し、現状を打破しなければならない」

幸いに「琉球民族遺骨返還等請求事件」支援も、県内・国内外のウチナーンチュ、自立する連帯を寄せる人々によって、様々に拡がっている。

ウチナーンチュ　ウセーテー　ナランドー（沖縄・琉球人を侮ってはいかんぞ）。

京都大学の学知の植民地主義にマキテー　ナランドー（負けてはいかんぞ）。

コラム

奪ったすべての琉球人遺骨は元の風葬地に

東京琉球館主宰　島袋《しまぶくろ》マカト陽子《ようこ》

二〇一八年一一月一四日に交わされた「国立台湾大学、沖縄県教育委員会並びに今帰仁村教育委員会間における　沖縄人骨移管協議書」を読んだ。Ａ４一枚だ。台湾大学から返還のニュースを知った時喜んだ。が、協議書を読み愕然とした。遺骨は、翌二〇一九年三月一八日、台湾大学医学院から沖縄県及び今帰仁村に「移管」され、沖縄県立埋蔵文化財センターに「保存」された。

協議書に書かれている、六三体（三三体は百按司墓から盗掘）の沖縄の人骨（協議書の表現）についての同意の内容は、

「保存状態は良好であり重要な文化的遺産である。埋葬処理されることはなく、人類の重要な文化的遺産として永続的に保存される。台湾大学は、移管後の将来も必要な場合は、当該人骨の研究を進めることができる」。

六三名の琉球人遺骨は「文化的遺産」となって故郷に帰ってきた。百年前、京都帝大の金関丈夫が盗掘するまで、遺骨には名前があった。手を合わせる親族もあった。協議書には「埋葬処理されることはなく」と明確に書き、沖縄県教育委員会教育長・平敷昭人氏、今帰仁村教育委員会教育長・玉城奎氏、が署

名をしている。背筋が寒くなる。盗んだ遺骨は、風葬してあった場所に戻し供養するのが先祖を敬うということだ。頭蓋骨を研究材料にされる人々の屈辱を、教育長等は感じないのだろうか。

米軍との共存を強制される沖縄人の人権・尊厳は奪われている。軍隊・軍事基地により健康・生活が脅かされ、命を奪われても、日米は加害者を正当に裁かない。その同じ植民地主義が、この協議書に鮮明に記されている。植民地主義の片棒を担ぐ、あるいは率先して琉球人支配の役割を担う、琉球人の植民地主義も。

二〇一九年七月二二日付で日本人類学会が会長名で京都大学学長に提出した要望書の一項に、こうある。「由来地に係わる地方公共団体との合意に基づき古人骨資料が当該地方公共団体に移管される際は、研究資料としての保存継承と研究機関の継続的な提供を合意内容に含めるべきである」。移管協議書は、この要望以前に、それを実践している。

金関の師である清野謙次は人類学について「東亜において『一億一民族』としての日本人は、極めて長い歴史を有しており、未だかつて他『種族』から統治されたことがないという誇りを持っている。これは民族として地球上に比類ないものであり、『日本人種』以外にこのような例はない」と語る（松島泰勝著『琉球　奪われた骨』）。清野、金関らは日本人種の優位を自らに都合のよい手法で学問として証明しようと、遺骨を盗んだ。百年・二百年先も琉球人遺骨は研究資料だと考える京大は金関と同じだ。

琉球人が、奪われた主権を取り戻し、誰もが人間として生きぬける弥勒世を実現するために、奪われたすべての琉球人遺骨は、風葬しなければならない。

沖縄の死生観（子宮回帰）から考える盗骨

原告　彫刻家　金城《きんじょう》　實《みのる》

私は、今回の裁判の原告である金城實と申します。職業は彫刻家です。

私は今回の裁判において、琉球民族という沖縄における先住民族として、原告になり本件裁判を行っております。この陳述書において、私は、体験した様々な出来事をもって私自身が琉球民族であり先住民族であることをご説明するとともに、琉球民族にとって遺骨やお墓がどれだけ大切なものなのかについてもご説明いたします。そして、本件裁判の本質がどこにあるのかについても、私なりにまとめましたのでご説明いたします。

生まれた島

まずは私が生まれた島のこと等について少し述べたいと思います。

私は一九三九年、沖縄県の離島の一つである浜比嘉島《はまひがしま》に生まれました。この島は琉球民族の起源の地ともいわれ、南にある久高島《くだかじま》とならぶ神聖な島でも知られています。

その島の中に私が生活していた比嘉部落という村があったのですが、その村における様々な事柄については、「ノロ」と呼ばれる琉球信仰における女性の祭司がこれを取り仕切っておりました。この比嘉部落は、祭があったりすると東と西に分かれます。これを當山家という家がまとめるのですが、代々この家が「ノロ」を輩出していました。他方で、「ノロ」とは別に「ユタ」と呼ばれる霊媒師のような方がおられます。神のお告げをもって霊的なアドバイスや解決等を生業にするのがこの「ユタ」と呼ばれる方です。実は私の妻の姉が第二尚氏の家系であり、現在も「ノロ」をしております。

後程も申し上げますが、敗戦直後、戦場に出征した父が帰国してきませんでした。生死もわからなかったのです。そこで、私たちは、私たちの住む島から最も近く本島への入り口であり、「ユタ」の多いところで有名な屋慶名というところに行き、ある「ユタ」に父のことについて占ってもらいました。占いの結果は「父は生きている」という回答でした。ですが、後日父が戦場で亡くなっていたことが判明しました。私にとっては残念な出来事でした。

私が生まれた島や村ではこのような文化が残っておりました。例えば京都のように本州にお住いの方とは違う文化が沖縄にはあるのです。私はこのような文化の中で生まれ育ち、まさしく琉球民族という先住民族であると自負しております。

生い立ちと戦争体験

次に、私の生い立ちについて少し説明します。

私は終戦時七歳でした。ちょうど国民幼稚園を卒業したころです。幼稚園の時、先生から戦争ごっこをするよう指示されて、竹でできた鉄砲を使って子どもたちで戦争ごっこをした記憶があります。戦争ごっこが終わった後、おにぎりを一つ与えられ、美味しかった記憶があります。お米は盆と正月以外食べられないような時代だったので、私はとてもうれしかったです。戦時教育でした。

一九四四年一〇月一〇日、沖縄の南西諸島の広い範囲で米軍による空襲が始まりました。いわゆる十《じゅう》・十《じゅう》空襲です。その少し前、いよいよ沖縄にも戦争がくる、ということを大人たちから聞いていました。そこで私たち親族も疎開について話し合いました。ですが、どうせ死ぬのであればよその地域に行って死ぬのではなくそのままこの島に残ろうという話になったようです。

その後十・十空襲が始まり、その余波が離島にまで及びました。その時、島の人たちは初めて飛行機を見ました。私も三機ほど飛行機が飛んでいくのを見たのです。島民全員で万歳と叫びました。全員日本の飛行機だと勘違いしたのです。その万歳の直後、飛行機から爆弾が二つ落ちてきて、機関銃による射撃もありました。運よく死者は出ませんでしたが、隣の島の浜にある船が飛行機からの爆撃で炎上しました。そして私たち子どもらは泣き叫びながら家に戻りました。

私たち親族は洞窟の中に逃げこみました。そこで母は私に綺麗な一張羅を着せてくれました。もしかしたら死ぬかもしれない、と思いあえて最後の服として綺麗な服を着せてくれたのです。服の胸のところには私の名前と母の名前が記載されており、ポケットに砂糖を入れてくれました。同様の配慮からでした。

戦争後と彫刻との出会い

そして、戦争が終わりました。

私が住んでいた島では、死者はでませんでした。ですが、出征した私の父は帰ってきませんでした。父は戦争で亡くなったのです。

ところで、その当時私の父の父、つまり父方の祖父は父を親族に預け島に残し、自らは移民としてペルーで生活し財をなしていました。祖父は私の父が亡くなったことを知り、私のことを大変不憫に思ってくれました。自分はペルーに住み戦禍から免れていたという負い目もあったのかもしれません。祖父は私に学費等として多額のお金を援助してくれました。そのおかげもあって、私は高等学校に進学することができたのです。私よりも優秀な同窓生たちは戦争孤児であったため、お金がなく進学を断念しました。私は恵まれていたのです。今でも後ろめたさがあります。

ですが、私は勉強があまり得意な方ではありませんでした。高等学校卒業後二年くらいは畑仕事を手伝いながら家でふらふらしていました。そのような折、やはりペルーに住む祖父からお金が送られてきました。私を大学に行かせるためのお金でした。おそらく私の母が私を大学に行かせたかったのでしょう。ですが、当時私は大学に行くつもりはなく、そのことを母に伝えました。「南米からお金が送られてきた。このお金をどうするのか」と言って母は激怒しました。祖父は私の叔父と叔母たちにはお金を送らず、私だけにお金を送ってくれたのです。

その気持ちを私はあまり理解できませんでしたが、母から逃げるようにして東京に行き、大学受験のための勉強を開始しました。ですが、受験に二度も失敗し続け、失意の中にありました。その頃、私は偶然東京の上野公園にある美術館に行きました。そしてロダンが作成した彫刻を初めて見て、大きな衝撃を受けました。このような仕事をしたい、このような物を残したい、と思ったのです。それが私と彫刻との出会いでした。

そして、四年間の浪人の末、私はようやく京都にある大学に合格しました。そして、卒業後兵庫県と大阪にある高等学校で英語の先生として教鞭をとり、退職後の一九八六年頃に読谷村で彫刻製作を始めます。作品等についてはまた後程ご説明差し上げます。

「洗骨」について

次に、話は変わりますが、私が実際に体験した「洗骨」について、必要な限りでご説明いたします。

一九六一年頃に私の母方の祖父が亡くなったのですが、一九九五年頃に祖父に関する洗骨の行事が行われ、私もこの行事に参加しました。本来でしたら死後五年から一〇年した後洗骨を行うのが一般的なのですが、かなりの時間が経過した後洗骨が行われました。その洗骨のことが『我肝沖縄

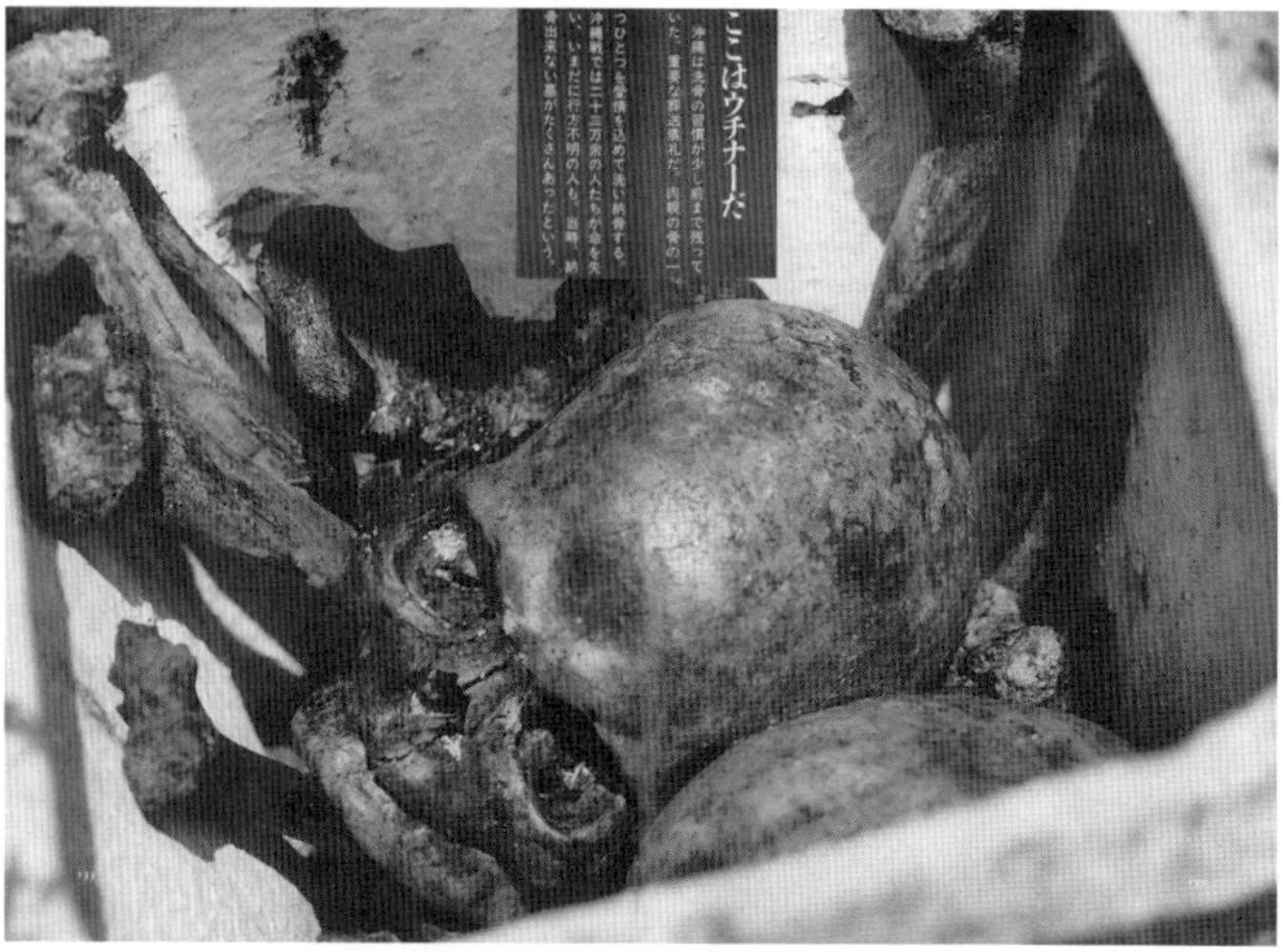

洗骨した祖父・漁夫マカリの頭蓋骨（撮影：牧田清）

――ワチム《わが心の》オキナワ』（解放出版社）という書籍で説明されています。骨壺を抱いて墓に行く写真や、祖父・漁夫マカリの頭蓋骨の写真が掲載されています。

次頁写真のお墓の中から骨壺を取り出している人物が私の従兄弟にあたる人物です。その骨壺に私の祖父の遺骨が入っていました。そして取り出された遺骨（頭蓋骨）の写真も添付されています。そして、三名の人物が並んで歩いている写真（Ⅲ部扉）がありますが、骨壺を抱えて先頭を歩くのが私の従兄弟、次に私の母、最後に母の妹が続きます。私の記憶では、私はさらに遥か後ろを歩いていたかと思います。

そして、歩いて行った先で、親族全員で祖父の遺骨について洗骨をし、私も塩水や泡盛で洗骨作業を行いましたが、妊婦は洗骨に立ち会いさせないという決まりがあります。実際に洗骨をやってみましたが、穢れとか嫌な気持ちはありませんでした。祖父にはとてもかわいがられましたので、私も一生懸命洗骨作業を行いました。祖父が存命中に私は祖父にキセルなどをプレゼントしていましたが、そのキセルが祖父の墓から出てきました。なんとも懐かしい気持ちになり、生前の祖父のことが偲ばれました。

このように、私たち琉球民族にとって遺骨とは格別に大切な物なのです。

琉球民族にとっての墓について

次に、琉球でのお墓の位置づけ等についてご説明いたします。

まず、琉球では、お墓は大切なものとされております。自分が住む家だけを作っても、墓を作らなければ一人前ではない、と言われるくらいです。むしろ、住む家よりもお墓の方が立派な方がよいとされております。

一九九五年頃、ペルーに住む私の叔父が、ペルーで亡くなった私の祖父母の遺

墓から骨壺を取り出す（撮影：牧田清）

骨を持ってくるという話になりました。移民として移住した他の親族らも沖縄に来るという話にもなりました。先ほども申し上げましたが、私は祖父から莫大な援助を受けておりました。そのような祖父の遺骨をお寺に預けるわけにもいきませんので、私も初めてお墓を建てることにしました。早速お墓の業者と契約し、土地についても契約を済ませました。ですが、琉球の掟で、父方の直系親族のうち年男が一人でもいた場合、その年にお墓を作ってはいけないという掟がありました。ちょうどその年、私たちの父方直系親族に年男がおりました。そこで、私はお墓の業者と契約し、お墓の業者に墓を作らせはしましたが、墓地ではなくその業者の仕事場にそのお墓を当面置かせてもらうことにしたのです。お墓は、セメント造りではなく琉球トラバーチンという石造りの立派なお墓でした。そのお墓を、ペルー、アルゼンチン及びカナダから来た父の妹弟たちに見せてあげることができました。その際叔父から「實、一人前になったな」と声をかけてもらいました。ほかの親族らも立派なお墓だとほめてくれました。

そして、年が明けてお墓を墓地にもっていくこととなり、お祝いをしました。その時豚の頭をお墓に供え、親族一同みんなでお祝いをやりました。お墓を建てた時のお祝いの歌もあり、みんなで歌いもしました。お祝いの場所はお墓の前だけではなく、お墓の中に入ってお祝いもするのです。もっとも、お墓の所有者である私は早々に宴会を後にし、お墓から立ち去らなければなりませんでした。振り向いてもいけないのです。それが琉球の死者と墓の掟なのです。

以上が、琉球でのお墓の位置づけの一端です。どの地域でもお墓に対する意識は高いものがあるかもしれませんが、琉球では特にそれが際立っているのです。太平洋戦争で地上戦が展開された時、鉄の暴風と呼ばれた艦砲射撃や米兵上陸時においても、お墓の中に隠れて生き延びた人もいます。米兵が入ってこないように、お墓の前に十字架の絵を記載していた人たちもいます。私たちにとってお墓は、守護神としての祖霊の住む、神聖な場所でもあったのです。

植民地支配について

最後になりますが、私はこれまで彫刻家として多数の作品を制作してきましたが、各作品の主なテーマは歴史であり、国家権力によって差別や迫害等を受ける人たちに着目し、作品を制作してきました。私が彫刻家になった経緯も、このことと関係します。すなわち、沖縄の集団強制死について、軍の命令がなかったという説が現れました。私の記憶では、一九七一年頃に曽野綾子氏が『諸君』という雑誌において、集団強制死について軍の命令はなかった、と発表しました。『ある神話の背景』という著作においても、沖縄の人間が自ら日本を愛し、天皇を愛したがゆえに自ら死んでいったというように主張したのです。まさしく沖縄戦に対する隠蔽です。このような主張は沖縄県が本土に復帰する前から始まってはいましたが、このような歴史修正主義は軍慰安婦や南京虐殺問題でも同様にみられました。今問題になっているヘイトスピーチ問題にも共通する問題です。

私としては、何とかしてこのような状況を打破したい、芸術作品を通じ歴史修正主義や植民地主義を糺していきたい、沖縄戦について記録に残したい。このような思いが、私が彫刻作品を作る原動力となり、沖縄戦の歴史的彫刻作品なら簡単には消せないだろう、という思いから彫刻家になったのです。

私が特に注目してきたのは、旧日本軍の軍慰安婦問題、太平洋戦争時の沖縄集団強制死及びそれに関する教科書等からの削除問題、沖縄における基地問題、南京虐殺は存在しなかったなどの歴史修正主義問題となります。

私の作品を例示してみますと、「残波大獅子」「長崎平和の母子像」「チビチリガマ世代を結ぶ平和の像」「隠れ念仏」及び「抗議する農民」「戦争と人間」及び韓国と沖縄にある「恨《ハン》」という名称の碑等がございますが、「戦争と人間」は私が約一〇年かけて制作し、二〇〇七年に完成した作品です。凄惨な沖縄戦の様子や、米軍に土地を奪われ非暴力で抵抗する農民の姿などがテーマであり、高さ約三メートル、全長約一三四メートルにも及ぶ巨大な作品です。この作品は米軍基地跡地に展示されたこともあります。

また、最近の作品としては「アリランの詩――軍慰安婦像」と名付けられた少女像と老婆像の二体がございます。ご存じかと思いますが、二〇一九年八月、愛知国際芸術祭「あいちトリエンナーレ」で、従軍慰安婦問題を象徴する「平和の少女像」の展示に抗議の電話やメールが殺到しました。脅迫するファクスが届き、開催からわずか三日で展示は取りやめになりました。このような事態について、表現の自由の危機であると感じた私は、「アリランの詩――軍慰安婦像」を制作したのです。軍慰安婦らの苦難は、そのまま沖縄の苦難と同一線上にあります。そのような思いを込め、

「アリランの詩――軍慰安婦像」を制作したのです。

どうして私の作品等について説明差し上げたかというと、本件裁判の本質は「植民地主義をどうみるか」という点にあると考えるからです。

すなわち、過日裁判所でも述べましたが、上記各問題の歴史的背景には、天皇制を中心とした植民地主義が関わっていることに気づきます。特に琉球・沖縄の植民地化は、豊臣秀吉、徳川家康、薩摩の島津氏から今日の日米地位協定まで継続しております。米軍基地建設反対の民意を封殺する状況というものは、植民地主義そのものです。

それでは、本件遺骨を返還しない京都大学の姿勢はどうでしょうか。一九〇三年に人類館事件が起きました。大阪の内国勧業博覧会で、アイヌ・朝鮮・台湾・琉球人たちが見世物にされた事件です。大日本帝国政府が推し進めた植民地主義政策の行きついた先の事件です。本件遺骨の問題を知り、琉球人の遺骨を軽々しく考えている京都大学の対応を知り、私はこの人類館事件のことを思い出しました。また、大日本帝国政府が推し進めた植民地主義政策と京都大学の対応の底流にある差別意識はまさしく同じものといえます。

先ほども申し上げました通り、父は戦争で亡くなりました。その結果、靖国神社で合祀されています。遺族に無断で合祀された父の魂はいまだ戻ってきていません。私は沖縄靖国裁判で原告団長を、三〇年近く務めてきました。靖国裁判も遺骨裁判も、今なお続く問題なのです。そして、その底流にあるのは、官民問わず、大日本帝国政府が行った植民地政策とそれを肯定する植民地主義の考え方なのです。靖国神社は「骨」は不要で「霊」だけ祀り、他方、京都大学は琉球人の「骨」だけ利用し、「魂＝マブイ」はかえりみない。こんな矛盾がまかりとおるのか。

裁判所におかれましては、本件裁判の本質がここにあるということをご理解くださりますよう、よろしくお願いいたします。

コラム

琉球人としての自覚を呼び覚ます裁判

琉球人遺骨返還訴訟を支える会／琉球・沖縄 事務局長　玉《たま》城《き》和《かず》宏《ひろ》

やっとウチナーンチュ（琉球人）として真の一歩を踏み出すことができた。これが「琉球人遺骨返還訴訟を支える会／琉球・沖縄」発足の実感である。

古く琉球が固有の文化伝統を持つ国であった事実が今もこの沖縄に力強く息づいている。独特の食文化、心に響く三線、それを表現する踊りと、世界の誰もが認めるものである。特に、それを束ねているのは、琉球の先祖に対するチムグクル、即ちご先祖様に対する共同の思いである。その中にこそ、「ぬちどぅ宝」「イチャリバチョウデー」の心がこもっているのである。

この琉球人遺骨返還訴訟の裁判が重要なのは、琉球人としての自覚、それを支える国際的感覚に基づく先住民としての権利、一人一人の生活を大事にする基本的人権を彷彿させ、我々琉球の民が自己のアイデンティティを確認しなければならない事実に直面させてくれるからである。

しかも過去に琉球を植民地として支配した日本帝国の働きに焦点を置き、その状況下において京都帝国大学助教授金関丈夫による盗骨が行われたということに着目させてくれた。

実際に、過去において、日本帝国はアジアにおける覇権を維持拡張するために、先ずは琉球国を廃国させ併合し、そこにおける政治経済を我が物にし、植民地としての支配を機能させてきた。更に重要なことは、今日に至るも、その構造が受け継がれており、米軍基地の荷重負担や辺野古新基地建設の暴挙が進められている事実が在る。

　更に問題なのは、そこに至る事実が広く日本国民や琉球の民にも知らせないようにひっそりとしまい込まれている状況にあることである。まさに、統治形態としての「知らしむべからず、寄らしむべし」である。例えば、一八七二年から一八七九年にわたる琉球処分であるが、処分案を提起した伊藤博文や、その後一方的教育によって琉球の民の心を作興し、その目的を日本帝国を愛護せしむる事と説く山縣有朋が、政府に対し、琉球における教育の実施を強く要請しており、それぞれ二人の提出した文書の中に、琉球の民を「土人」と認識していることが記載されているのである。

　このような状況を把握・認識させ、琉球人としての自覚を呼び覚ましてくれる裁判が過去にあっただろうか。まさに、時節到来である。諸々の状況を鑑みると、人としての深い思いこそが、この琉球人遺骨返還訴訟となり、ご先祖のご遺骨を早期に返還させ、真の在るべき場所に戻し、再葬したいと願う原点である。

　今後とも、皆様には、琉球人遺骨返還訴訟を支えていただきたいと、切に願うばかりである。

京都大学による「琉球人差別事件」を訴える

原告　龍谷大学　松《まつ》島《しま》泰《やす》勝《かつ》

京都大学による組織的な、琉球人遺骨の盗掘・隠匿事件が発生した大きな原因の一つが「学知の植民地主義」である。「学知の植民地主義」を次の三点から明らかにしたい。

琉球に対する植民地主義

一八七九年の琉球併呑によって、約四五〇年続いた琉球国が消滅した。それは、日本政府が自らの軍隊、警察を用いて行った、組織的で、計画的な国家侵略であった。日本帝国主義は、琉球併呑後、台湾、朝鮮等、その植民地の範囲を拡げた。併呑後、日本政府は植民地政府である「沖縄県」を置き、会話伝習所を設置した。琉球諸語《しまくとぅば》の教室内での使用を禁止し、日本語を強制する「言語撲滅教育」を行い、「方言札」によって子供たちから琉球諸語を奪った。言葉は民族の歴史や文化を

第１回口頭弁論を終えての筆者（中央）

次の世代に引き継ぐ役割を果たす。皇民化教育を行い、民族の言葉を奪うことで、琉球人の日本人への同化を促し、徴兵、納税、労働等の各局面において琉球人を「天皇の臣民」に変えていった。戦前は、「方言論争」で有名な沖縄県学務課が皇民化教育の拠点となった。

一九二八年、二九年に金関丈夫・京都帝国大学助教授が琉球を調査した際、帝国学士院から研究補助金が提供され、足立文太郎・京都帝国大学元教授の研究上の指導があった。つまり、日本帝国の政府や大学の経済的支援、権威（差別的上下関係を生み出す力）に基づいて金関の遺骨盗掘が実施された。琉球併呑後に形成された、日本人と琉球人との不平等な関係を利用して遺骨が盗掘されたのである。

沖縄県庁、沖縄県警、学校等のほとんどの幹部に日本人が就任し、経済活動においても「寄留商人」と呼ばれる日本人による経済的収奪が横行した。金関丈夫は、県庁や県警の日本人幹部や、同化された琉球人の研究者や教育者の許可や案内を受けて、遺骨を盗掘したが、祭祀承継者の了解を得たわけではない。また、金関が盗掘した時点においても祭祀が行われていた百按司墓から遺骨が盗まれたのであり、当時の刑法に照らしても犯罪行為であったと言える。

日本本土の村で祀られている氏神が、『古事記』や『日本書紀』の伝承と関係し、皇室の下に系列化されている。しかし、琉球の固有信仰であるニライカナイ信仰は、天照大神を中心とする日本の神道とは全く異なる。しかし、琉球併呑後、鳥居の設置、日本の神社体制への取り込み等の同化政策が強制された。百按司墓は「今帰仁上り」という琉球人の聖地巡礼における祭祀地の一つであり、琉球民族独自の信仰の場である。また琉球人にとって遺骨は自らの葬制において不可欠な存在である。骨神として信じられた、琉球人の遺骨を帝国大学の研究者が奪ったのである。清明《シーミー》祭、十六日祭等の年中行事として、今も亀甲墓《かめこうばか》、破風墓《はふうばか》等において先祖と子孫によるマブイ（魂魄）の交流が日常的に行われている。墓の中には何百年にもわたる、親族の遺骨が神として安置されている。

琉球国の国書である『中山世譜』では、百按司墓の遺骨は第一北山監守の貴族の遺骨、同じく国書である『球陽』では尚徳王の遺臣の遺骨であると記載されている。一四二九年に琉球国を統一した王族または貴族の墓が百按司墓である。日本では天皇陵や古墳に収められた人骨調査はタブーとなっている。しかし、琉球では同じ王族の墓であっても研究者によって遺骨が持ち出せた。このような所業が可能であったのは、琉球が日本の植民地になったからであると考えられる。

金関は自らの研究を「人種学」と称しており、「人種学」の知識によって人類集団の生物学的繁栄に貢献できるとともに、優生学の根拠を提供することが可能であると認識していた。金関が唱える「人種学」とは、人類の地方的集団を自然科学的、生物学的に考察し、その集団の特質を明らかにする研究である。金関は次のように述べている。「ナチスが北欧種の純血を護ろうと云うのは当然のことと云わなければならない。且つ、之れは種族の優秀性を確保する上に必要な手段であるのみならず国家の統一の上に最も有効な方法でもある」（金関丈夫「皇民化と人種の問題」『台湾時報』一九四一年一月号）

　金関丈夫の指導教授である、清野謙次・京都帝国大学医学部教授は以下のように論じている。「日本人は大東亜に生活せる幾十、幾百の種族の指導者兄貴として共存共栄の実を結ばしめなければならなくなつた。かくの如き時勢になつて見ると、異人種に関する智識は、国民必須の常識であり、日本人種の独自性に対する自覚は當然樹立されなければならぬ。人類学は閑事業では無くして必要なる学問となつた。考へる迄も無く人類学は国家勢力が弱小なる時代には大して役に立たない学問で、国家勢力が増大するにつれて必要になつて来る。殊に政治的、経済的に有らゆる機構が、地理と人種民族とを結び附けて行く所の、共栄圏に於ては尚更ら之が必要な学問となつて来る」（清野謙次『増補版　日本原人の研究』第一書房、一九八五年）。

　清野は、日本帝国が支配領域を拡げるとともに、自らの調査地、弟子を通じた遺骨収集地を拡大させた。京大研究者によって盗掘された遺骨を含む「清野コレクション（約一四〇〇体分の遺骨）」に対する検証や謝罪を、京都大学は未だに行っていない。

　琉球国が国であったことを示す証拠として、一八五〇年代に琉球国がフランス、オランダ、アメリカと締結した修好条約の原本がある。これらも琉球併呑の過程で日本政府によって奪われ、現在、外務省所管の外交史料館に保管されている。日本帝国の政府や大学は、琉球人の領土、条約原本ばかりか、その遺骨も奪い、現在に到るまでもその返還を拒否している。

一九三四年に金関は台北医学専門学校（一九三六年に台北帝国大学医学部に改組）教授に就任した際、盗掘した遺骨の一部を同大学に移動させた。国立台湾大学は、二〇一九年三月に琉球人六三体分の頭蓋骨を沖縄県教育委員会に移管した。遺骨の祭祀承継者を除いて、国立台湾大学、沖縄県教育委員会、今帰仁村教育委員会は、遺骨の再風葬を退け、その再調査を決定した。その決定に大きな影響を与えたのは、金関の弟子である蔡錫圭・国立台湾大学医学院名誉教授が遺骨の再調査を条件として沖縄県に移したからである。しかし蔡教授は、盗掘物を長期間にわたって保管していたのであり、遺骨の再風葬を禁じる法的、倫理的根拠を持っていない。

京大による戦争犯罪

七三一部隊は、一九三六年から四五年まで中国のハルビン近郊の平房に設置された関東軍防疫給水部の本部（通称「満州第七三一部隊」）である。その創設者であり、長く部隊長をつとめた石井四郎・陸軍軍医中将は、一九二二年に京都帝国大学大学院の微生物学教室において約二年間、清野謙次・同大学医学部教授の指導を受けた。石井の主張で、一九三二年に陸軍防疫班が設置された。石井は国際条約で禁止対象になっていた毒ガス、生物兵器を保有する必要性を軍幹部に主張した。

七三一部隊によって一〇年間に中国人を中心として二千から三千の人々が人体実験で殺害された。二五種類の病気の解明や各種のワクチン開発のために人体実験が行われ、旧ソ連や中国で生物兵器が使用された（常石敬一『七三一部隊――生物兵器犯罪の真実』講談社、一九九五年）。

清野は石井の求めに応じて、自らの弟子を七三一部隊に派遣した。京大研究者は、医学研究と軍事が有機的に結合した「軍事研究」を組織的、体制的に行った。清野は日本軍の嘱託研究員になることで、研究費や、戦争末期に入手が極めて困難になっていた研究資材、アジア各地の疫学情報、人体実験の結果等も手に入れることができた（常石敬一『医学者たちの組織犯罪――関東軍第七三一部隊』朝日新聞社、一九九四年）。

一九四六年末、ソ連政府は、石井等の七三一部隊関係者を軍事裁判にかけるために、その引き渡しを求めた。しかし米政府はソ連の引き渡し要求を拒否した上で戦犯免責を与え、本国から生物兵器の専門家を派遣して、石井等から人体実験に関して情報を収集した。つまり、非人道的で、国際法違反の七三一部隊による戦争犯罪に対して法的な解決は未だに行われていないのである。

七三一部隊による戦争犯罪は、清野謙次、石井四郎を中心とする京大研究者による組織的関与によって実施された。琉球人、奄美人の遺骨盗掘も、清野謙次、足立文太郎、金関丈夫、三宅宗悦等の京大研究者による組織的犯罪行為であった。人類学者による遺骨収集は、日本帝国主義の拡大過程で必要になった諸民族に対する統治の根拠や方法のためのエビデンスを得ることを目的とした。その際、植民地支配下の不平等な関係性を利用して、人体実験、遺骨盗掘が行われた。実験対象になった当事者や遺族、地域社会の意に反して、または同意を得ることなく、人間を研究資料として利用した。生身の人間同様、遺骨も人体の一部である。人間の尊厳を無視した非人道的な行為であり、国際法、国内法に反している。

学知による人種差別主義

日本帝国による民族差別を象徴しているのが「学術人類館事件」である。一九〇三年に大阪の天王寺で開催された内国勧業博覧会内に学術人類館が設置され、次のような人々が「展示」された。アイヌ七名、琉球人二名、「生蕃タイヤル種族」一名、「熟蕃」二名、「台湾土人」二名、マレー人二名、「ジャバ人」一名、インド人七名、トルコ人一名、ザンジバル島人一名（松村瞭「大阪の人類館」『東京人類学会雑誌』第一九巻第二一九号）。その他、朝鮮人も展示対象となった。

学術人類館の企画、その内容の決定に関して大きな影響力を与えたのが、坪《つぼ》井《い》正《しょう》五《ご》郎《ろう》・東京帝国大学医学部教授であった。坪井は一八八九年にパリ万国博覧会を見学し、柵で囲われた集落に様々な民族を生活させて展示した「植民地パビリオン」を見て、人類館を構想した。坪井は、世界人種地図を作製して出品し、東京帝国大学人類学教室所蔵の「土俗品」を貸与するなど積極的にその企画に係った。中国側からの抗議を受けて、開館前に中国人の展示を取りやめるとともに、当初の名称である「人類館」から「学術人類館」に名前を変えた（金城勇「学術人類館事件と沖縄――差別と同化の歴史」演劇「人類館」上演を実現させたい会編『人類館――封印された扉』アットワークス、二〇〇五年)。「学術」という文字を付け加えて、学知による植民地主義を自己正当化しようとした。

　坪井は展示の抗議を行った中国人、朝鮮人、琉球人をその都度展示対象から外した。抗議を受けても坪井は「生身の人間」の展示自体を反省せず、展示の規模や方法の改善によって問題が解決すると考えた。坪井が人類館における生きた人間の展示に固執したのは、「植民地の人間を研究することが課題の人類学者としては当然」と認識していたからであった。つまり坪井にとって「陳列された人間」は「人類学研究の材料」でしかなかった(金城前掲論文)。

　人権を否定された当事者の声に真摯に向き合うのではなく、自らの研究に対する欲望を優先している。ここから学知の植民地主義が生まれた。琉球人、朝鮮人、アイヌ民族、台湾原住民族等の陳列された民族は、帝国の威信を国民に自覚させ、日本帝国主義の拡大のための研究素材、宣伝材料として利用されていた。

　学術人類館において日本人は展示されなかった。なぜなら日本人が「人種」間序列の頂点にいることが前提とされ、その高見から「下位の人々」を眺め、観察し、分類し、統治することができるという帝国主義の心性を人類学者や多くの日本人が共有していたからであった。戦前、日本本土に住む琉球人の婚姻、労働過程、飲食や居住等において日常的な差別が行われており、学術人類館は琉球人差別を可視化する役割を果たした。

　日本人類学会は、一八八四年に坪井正五郎ら一〇名によって結成された「じんるいがくのとも」という団体から始まった。同学会は、「学術人類館事件」に対して未だに総括、謝罪等を行っていない。また同学会は、二〇一九年七月二二日に京都大学に対して発出した「要望書」において、百按司墓琉球人の遺骨を、研究対象の「古人骨」として認識し、その学術調査の継続を要望した。しかし同遺骨は祭祀の対象であり、現在でもその祭祀承継者が存在するのであり、研究素材ではない。

本書の「はじめに」でも指摘したように、日本人類学会の要職を占めてきた被告・山極壽一京大総長は、二〇一九年八月六日、駒込武・京大職員組合委員長との対談の中で「この件を訴えている方は問題のある人と承知している」と述べた（『職員組合ニュース』二〇一九年度第二号）。この差別事件は、「学知の植民地主義」を象徴的に示している。

京大研究者は、琉球人、奄美人、アイヌ、中国人、朝鮮人、台湾原住民族等の遺骨を奪い、標本にし、研究者の間で「見せ物」にしてきた。今でも京大において「骨の学術人類館」が開かれていると言える。

百按司墓に遺骨が安置された琉球人は琉球国の礎を作った人々である。その人々の遺骨を奪い、返還しないだけでなく、京大は遺骨に関する質問に対して、「個別の問合せには答えない」との姿勢を変えていない。「学知の植民地主義」とは、研究倫理上の問題であるだけでなく、国内法や国際法違反の犯罪である。戦前、研究によって日本の帝国主義、植民地主義が正当化されたが、京大においては、それが今でも続いている。

植民者により被植民者の遺骨が奪われ、琉球支配の「戦利品」として収奪され、保管され、「見せ物」にされている。これはご先祖の遺骨が琉球人のやり方で風葬、供養されないという不正義である。米軍基地問題のように、琉球人は自らが生きている間、植民地支配されるだけでなく、死してニライカナイ（琉球人のあの世）に行ってからも日本による植民地支配を受けていると言える。なぜなら琉球人による遺骨保有、先祖供養を京大が拒否できる体制下で、琉球人が生きることを強いられているからである。

私たちは、ご先祖のご遺骨を元の墓に戻し、祭祀を行って、そのマブイに平安を与え、子孫と骨神とが交流することができる時が来るまで、京大による「学知の植民地主義」との闘いを絶対止めない。なぜなら研究者による遺骨の盗掘やその保管を認めたら、我々の葬制、精神生活、心の安らぎ、民族としての誇りを保つことができないからである。

京大は、祭祀承継者の信教上の権利を侵害してまで、研究上の利益を得る権利を持っていない。京大が自らの過ちを真摯に反省し、今でも祭祀の対象となっている墓地にご遺骨を戻すことを心底から訴える。

コラム

せめてお線香の一本でも……

琉球人遺骨返還請求訴訟を支える会／関東　外間《ほかま》三枝子《みえこ》

正直に言えば、決して良好ではないご自身の健康状態も省みず、琉球人遺骨盗掘問題に取り組む松島さんの〝熱量〟に圧倒され、それに引っ張られるように関わりはじめたのだった。京大を訪ねた動機のひとつに「……ご遺骨にせめて線香の一本でも手向けたく……」と語ったのも印象深かった。少しずつ学びながらヨタヨタと歩くうち、裁判闘争を支える会が関東で立ち上がり、そのおかげで様々に行動する人々とも出会うことができた。

特にアイヌ人遺骨の返還を求めて数十年たたかいつづけているアイヌの人々の存在は大きい。

平取アイヌ遺骨を考える会の木村《きむら》二三夫《ふみお》さんは、二〇二〇年一月、法政大学での日本文化人類学会シンポジウムで「遺骨略奪は重大犯罪。アイヌ民族と琉球の人たちの人権、尊厳、自決権を蹂躙してまでも遺骨研究を優先しようとする『日本人類学会』は、世界の潮流になっている先住民族に対する遺骨返還の事例を学ぶべきだ」と、出席していた日本人類学会篠田会長に厳しく問い詰めた。

静内《しずない》アイヌ協会会長の葛野《くずの》次雄《つぎお》さんは、機会ある毎に遺骨を持ち去られた悲しみと怒りを歌い上げる。

「昔からたくさんの和人たちがこの尊いアイヌモシリ（北海道）にやってきて（中略）アイヌは山猟も

漁業も自分らしく生きることもできなくなりました。（中略）静かに穏やかに土の中で休んでいた祖先を村から他人に掘り起こされて研究され、村へ帰ることもできません。（中略）お金も謝罪もなくたって、石の墓標の代わりに我々はアイヌのやり方で墓標を作って立てているから、ご先祖たちを我らの村へ返してください」

　支える会関東会員の平良牧師は、土橋芳美さんとその著書『痛みのペンリウク――囚われのアイヌ人骨』を教えてくれた。

　アイヌモシリの大自然と共生し、つつましく生きるアイヌの人々を襲った和人による苛烈な歴史を、北大の「アイヌ納骨堂」に「保存」されているペンリウクの遺骨が子孫の芳美さんに語ってきかせるという長編叙事詩だ。北大と芳美さんとの遺骨の引き取りをめぐるやりとりも収録されている。

　詩はこう終わる。「……芳美よ　悲しむことはない　人間として　恥入らねばならぬのは　わしらアイヌではない　だから涙をふいて　立ち上がり　ペンリウクの痛みを語りつづけよ」

骨を盗み、土地を奪い、海を埋め立て、暴虐の限りを尽くすヤマトの無知な権力者たち。

弱者は弱者のたたかいかたがきっとあるはずだ。

九十数年間ヤマトでさまよいつづける琉球人遺骨を一刻も早く百按司墓に連れて帰ろう。私たちの手で。

返ってきたら、アイヌの人たちのように琉球は琉球のやり方で魂を鎮めよう。

京都大学よ、奪ったものは返しなさい。

Ⅱ

京大による遺骨盗掘問題とは何か

百按司墓（今帰仁村字運天）

京都帝大の人類学者の植民地主義的ダブルスタンダード

同志社大学　板《いた》垣《がき》竜《りゅう》太《た》

現行の刑法によれば、「墳墓を発掘した者」や遺骨等を「領得」したりした者は処罰の対象となる（一八九～一九一条）。ところが同じ刑法（一九〇八年施行）の体制下にあったはずの戦前に、京都帝大の研究者は、自らの研究目的のために各地の墳墓から遺骨を持ち去り、研究室で保管した。かれらはそれを決して「遺骨」とは呼ぶことはなく、研究の「材料」としての「人骨」と呼んできた。いま裁判で問われていることは、「人骨」化された「遺骨」を再び「遺骨」に戻せ、ということであると私は理解している（なお、本稿では無理に用語を統一せず、研究対象として扱われた側面を言う場合には「人骨」、遺族・地域・民族等に意味づけられた側面を言う場合は「遺骨」と呼ぶ）。

それにしても、なぜ、このようなことが起き、今もなお遺骨が元の墳墓に戻れずにいるのだろうか。以下、その概要を述べる。

京都帝大の人類学

人類学にもさまざまな流派があるが、当時人骨を研究対象としたのは、自然科学的に人類を扱おうという医学部系の人類学（形質人類学）だった。一九二〇〜三〇年代の京都帝大でいえば、解剖学教室には足立文太郎を先駆者とし、その後継者として金関丈夫がいたし、病理学教室には清野謙次がおり、人類学分野での後継候補者の筆頭格として三宅宗悦がいた。帝大の各講座は一般に閉鎖的で、その担当教授は「一国一城の主」とも言われるほどだが、これらの人類学者は講座の壁をこえて交流し、互いにリスペクトしあっていた。清野は先達たる足立を「世界の学界に対して代表する老大家」と絶賛していた。金関は、足立の紹介により、講座の壁をこえて清野から人類学を学んでいたし、共著もあった。三宅と金関とは、毎月「人類学談話会」を開催して情報交換していた。共同で調査に行くこともあった。

その研究の成果は、個々の研究者によりさまざまな学会誌に掲載されたが、かれらはそれを研究室全体の成果と考えていた。清野は、それらを『清野研究室人類学論文集』全一〇冊に合本した。そこには二九名の筆者による計二二七本の論文が収録されているが、論文数の上位五名中に清野、三宅に加えて金関がいるし、足立の論文も一部含められていた。こうして京都帝大の人類学者たちは、講座をこえて緊密に連携していた。

かれら形質人類学者の関心事は、世界各地の民族の文化や社会構造よりも（そうした側面を研究するのは「民族学」と呼ばれた）、人類の骨格・脈管・掌紋・体型といった形質（体質）にあった。

かれらは、共通する形質的特徴をもった集団を「人種的集団」と呼び、人種的集団を分類したり、その近さや遠さを数値化したりすることに専念した。「白人」「黒人」といったラフな人種分類ではなく、より細かい分類をおこない、人類の形質上の系統やルーツを明らかにしようとしていた。

そうした研究の手法として、京都帝大の人類学者は統計学をいちはやく取り入れた点に特徴があった。逆説的なことに、統計も用いて実証的かつ客観的に研究しようとしたことが、各地からの大量収集の学問的動機となった。一人のサンプルだけでは、その「人種的集団」の特徴を代表させるわけにいかない。そこで人種的特徴を共有していると想定される集団毎に相当数の標本を集めることになる。しかも、同じ墓だと、その親族特有の形質的特徴が強調されるかもしれないので、なるべく複数の多様な墓からサンプリングする方が望ましいし、男女別に標本があった方がよい。しかも、人骨の計測項目が数多く、とうてい現場では計測しきれない。そこで研究室に持ち去ることになった。

このように、かれら人類学者は、何か「よこしま」な考えから遺骨を奪い去ったのではなく、むしろかれらの「純粋」な科学的思考こそが、数々の墓から大量の人骨を採集したいという知的欲望の源泉となったのである。では、かれらが日本の各地の墳墓からも、琉球と同じように人骨採集をおこなったのだろうか。答えは否である。

植民地主義的ダブルスタンダード

戦前に京都帝大に所属する人類学者が琉球人骨をまとめて収集した機会は二度あった。一度目は、金関による琉球調査（滞在期間一九二九年一月五〜二四日）である。二度目は、三宅による第一回南島調査（奄美大島一九三三年一二月一一〜二二日、沖縄本島一二月二三〜二九日）の一環として実施されたものである（三宅は一九三五年の第三回南島調査で喜界島・徳之島からも人骨を収集した）。三宅の概算によれば、金関の収集した琉球人骨は七〇〜八〇例であり、自らが収集した琉球人骨は約七〇例である。二度とも沖縄本島の各地で調査したが、いずれの場合にも百按司墓から遺骨を持ち去っていた。

金関は自らの収集した琉球人骨を台北帝国大学に持っていった。二〇一九年三月に国立台湾大学から沖縄県立埋蔵文化財センターに移管されたのは、その「金関コレクション」である。一方、詳しい論証は省くが、現在京都大学が保有する琉球人骨は、そのほとんどが三宅の収集による「清野コレクション」の一部である。訴訟で返還請求の対象となっている百按司墓由来の二六体も全て「清野コレクション」であり、一体を除いて三宅収集によるものである。そこで以下は、紙幅の関係もあるので、清野謙次－三宅宗悦の収集に絞って、その特徴について論ずる。

清野研究室は、かつて北海道から琉球諸島にいたるまで「日本石器時代人」とでもいうべき人種が住んでいて、「日本人」も「アイヌ」も「南島住民」もその同じルーツからの枝分かれだという学説を提唱した。しかし清野コレクション中には、それを証明するための「南方の材料」が不足していたので、一九三三年に清野は三宅を奄美大島・琉球に派遣した。三宅は、大学新聞に「割合手軽に大量的な蒐集を行ふのには沖縄の古墳を探るのが最も手取り早い」と明記していたように、沖縄本島では国頭、中頭、島尻と南下しながら、わずか四日間で約七〇例の人骨を収集した。

ここに奇妙な点がある。確かに、清野研究室は本州～九州島でも大量の人骨を収集した。しかし、まずその調査の中心は貝塚だった（清野のカウントでは七〇八例）。貝塚は明らかに地域住民が墳墓としては意味づけていない場所である。もっとも清野研究室が古墳横穴から収集をおこなったこともある。ただ、その事例は相対的に少ない（八四例）。それは、清野研究室が、古墳横穴からの収集は「消極的」に「偶然」の発掘を待つ他ないという態度でのぞんでいたからである。なぜか。それは、古墳横穴が「法規上墳墓」であるためでもあり、また人々の信仰の対象となっている場合もあったからである。だから「蒐集は思う様には進行しなかった」（清野）。

ところが、三宅が「割合手軽に大量的な蒐集」と述べていたことからも分かるように、京大系の人類学者による奄美以南の島々での人骨収集において、このような慎重な態度は見られない。これは完全にダブルスタンダードである。

また、清野コレクションの分類法においても、本州～九州島の人骨は「日本石器時代人骨」（第一区分）か「日本古墳横穴人骨」（第二区分）のどちらかに分類していた。ところが、沖縄・奄美や北海道・朝鮮・台湾のものは、ごく僅かな例外を除いては、この二つの区分とは別の「日本特殊地方及びその近接地方・特殊時代人骨」（第三区分）に分類した。外国は第四区分に入れられていることからすれば、この第三区分は、大日本帝国の領土内でも植民地やそれに準ずる地域（と清野が認識しているもの）に付与されたカテゴリーであることが分かる。

しかもこの第三区分のものは「古人骨」と呼べるかどうかすら不明である。三宅自身、「南島の先史時代からの古人骨発見は、殆どない」と明らかにしていた。年代推定もできないまま、墳墓が廃されたものであるかどうかの情報も伝聞にもとづき、大量の琉球人骨を持ち去ったのである。

こうしたダブルスタンダードは、台北帝大に移ったあとの金関の人骨収集を参照すると、より明確なものとなる。台湾のタイヤル（セデック）民族については、霧社事件（一九三〇〜三一年）の犠牲者の埋葬地から、金関が台北帝大に赴任したばかりの一九三六年に収集した。また、金関は、日本軍が占領したばかりの海南島で、黎民族の墓地から、丁重に葬られている男性の屍体を、まだ軟部が附着した状態で掘り起こし、台北帝大に持ち帰った。

このように植民地・占領地およびそれに準ずる地域にやってきた京大系の人類学者には、住民感情をはじめ、社会・文化的な規範や法制度など、「純粋」な学問的好奇心の制約となり得るものが、あまり働いていなかったことが分かる。それは、かれらが帝大の威光を有し、大日本帝国の権力と暴力のネットワークに守られていたからである。同じことを民間研究者がおこなったら、すぐに通報されて捕まっただろう。金関も三宅も、出発前に県知事をはじめ、官民の有力者に渡りをつけていた。だからこそ、ごく短期間に「純粋」な学問的好奇心を満たすことができた。

これが植民地主義的ダブルスタンダードである。

価値付与の権力

こうして収集された琉球人骨だが、丁重に扱われたとは言いがたい。清野は病理学教室に人類学の拠点を一室確保したが、スペースが足りず、自宅をも人骨収納庫とした。ある評論家は清野邸を評して、「鬼哭啾々たる化物屋敷」と形容した。自宅前には池があったが、「この池で人骨の清掃が行われて来た」という。こうして公私混同、職住混在の状況下で、持ち去られた人骨は管理された。

しかも琉球人骨が整理も研究もされないうちに、一九三八年に清野謙次が窃盗事件で捕まり、三宅も翌年京大を辞職し、京都帝大の人類学拠点は事実上崩壊した。三宅は、京都を去るときに、「沖縄本島、奄美諸島で私の蒐めて来た古人骨を未だ研究にも着手せずに別れる事は……淋しくもあり、気がかりでもあった」と述べていた。こうして琉球人骨を含む「清野コレクション」は医学部に放置された。

その後、一九六二年に理学部に自然人類学講座が設けられた、そこで形質人類学を受け持った池田次郎の指示により、一九七〇～七一年頃、大学院生らがリヤカーに積んで「清野コレクション」が理学部へと運び入れられた。そこで琉球人骨を使った論文は一九七六年に一本は出されたが、その後清野コレクションも使う人があまりいなくなった。だからこそ総合博物館の建設に際して、その大部分は収蔵庫に移管された。事実上、二度目の放置である。

ただ、人骨の形態をただ計測するのではなく、そこからＤＮＡを採取する技術が開発されてきたことで、特に今世紀に入ってから、人骨に新たな研究上の価値が付与されることになった。それが、現在になって、一部の形質人類学者が返還すべきでないと主張する際の根拠となっている。

しかしながら、遺族や住民らの思いを踏みにじってまでおこなうべき、人骨の科学的探求などというものがあるのか、私は甚だ疑問に思う。そこには、住民が何と言おうが、学者が付与する価値こそが普遍的で公共的である、それが分からない人々は無知蒙昧である、とでもいうような、植民地主義の残影とでもいうべき傲慢さがある。本当に自らの学問に価値があると思うのであれば、戦前に収集した「人骨」は、貝塚等まちがいなく墳墓ではない場所から出土したものなどを除き、一度「遺骨」として由来地に返し、そのうえであらためて法的にも倫理的にも問題のない手続きを踏んで収集しなおせばよいのである。その努力を怠り、保有する人骨の由来を歴史的に調査する努力もおこなわず、真摯な問題提起を単なる「クレーマー」対策のように処理して終わるような大学に、学問の未来はない。

＊本稿は、琉球民族遺骨返還訴訟で、私が京都地裁に提出した鑑定意見書をもとに、本書向けに書き下ろしたものである。そのため典拠などは省略している。詳しくは鑑定意見書および「人骨問題を考える公開学習会@京都大学」(https://honetori.exblog.jp/) にアップした私のレジュメ（第二・六回学習会）を参照していただきたい。

コラム

学知の植民地主義は京大にどう存在しているか

京都大学文学部学生　黒《くろ》石《いし》　級《きゅう》

昨年（二〇一九年）一一月に学園祭で、私は京大の友人とともに、学知と植民地主義をテーマにした公開の学習会を開いた。講師として松島泰勝さんをお招きし、最初の一時間ほど琉球遺骨問題と学知の植民地主義についてお話しいただき、その後、参加した約二〇名と意見交換を行った。

その学習会に現れた古生物学を専門にするという理学研究科の教員は、松島さんによる史料に基づいた説明・資料に一切耳を貸さず、「収集に問題はなかったと思う」と述べた。そう思う根拠を問いただしても、答えることはなく自分の主観だと開き直り、「本当に問題があったら遺骨は収集できていないはずだ」と言い張った。さらには、遺骨について「いったん研究資料として収集した以上、金関らの研究が正しいか間違っているかを検証するためにも、資料として使い続けなければならない」と語った。松島さんやその他の参加者が、遺骨が持つ意味やそれに伴う祖先の慰霊の重要さを語っても、収集の経緯や当時の時代状況について資料に基づいて詳しく説明しても、保管された遺骨が実際には半ば放置されたままである事実を伝えても、その現実に向き合おうとすることはなく、「遺骨は研究材料だから、研究する自由のために保管し続ける必要がある」という自分の主張を繰り返すばかりだった。その教員は、自らの研究も京都帝大以来の研究の蓄積に依拠していることを認めつつ、その研究が孕む問題について清算すべきという意見をはっきりと拒絶し続けた。

　印象的だったのは、その教員が「自分の主張は、京大の研究者、京大当局の考えを代弁している」と語ったことである。〈研究こそが偉く、研究の自由こそが重要で、そのためなら人々に苦痛を与えてもよい〉という考えは、案外今の研究者のなかにも浸透しているのかもしれないと感じ、私はぞっとした。こうした研究者の差別的な姿勢が許されるのも京大、大学の研究者という肩書きが持つ権力性ゆえである。

　こうした研究活動の持つ権力性や暴力性について、現在の京都大学の学生・教員らが自覚的であるとは、残念ながら言い難い状況である。一方で、キャンパス内では、二〇二二年の京大創立一二五周年（それは京都帝国大学の創立から数えられたものである）に向けた記念事業が進行しつつある。そこでは、「自由の学風」や「知の伝統」といった、京大の学問を無批判に称揚する言説が再生産されていく。この確信犯的な歴史修正主義によって、京都帝国大学以来の「学問」による搾取は、覆い隠されようとしている。こうした状況下にあっては、琉球民族遺骨の略奪と未返還の問題を提起し、京大の帝国主義・植民地主義を追及し続けることは、京大に籍を置いている学生としての最低限の責任であると考えている。

京都大学の植民地主義を問う

京都大学　駒込《こまごめ》　武《たけし》

「植民地主義」とは何か

戦前期において金関丈夫、三宅宗悦ら京都帝国大学に属す研究者が沖縄や奄美から大量の遺骨を奪い去った。そして、今日において京都大学当局はこの遺骨の「返還」「再風葬」はもとより、「収集」の経緯や研究利用の歴史の説明すらも拒んでいる。この二つの出来事は、時代も性格も異にしているものの、「植民地主義」の実践として通底しているところがある。両者に共通する意味の核をひとことで表現するならば、侮辱ではないだろうか。もう少し厳密に記すならば、圧倒的な権力関係を背景として、一定の地域とのかかわりを指標として行われる侮辱である。

なぜ侮辱こそが核心であると考えるのか。琉球遺骨問題に立ち入る前に、台湾近現代史にかかわる筆者自身の研究に即して確認しておきたい。

ひとつの象徴的な史料がある。一八九六年夏、日本が台湾を占領して間もない時期、台南駐在英国領事が、英国人宣教師を介して聞いた台湾現地住民の経験を書きとめたものである。台湾総督府に送られたこの文書において、英国領事は日本人の「圧制暴虐」を列挙して次のように書いている（現代語訳に続いて括弧内に原文を記す。出典は『明治二九年台湾総督府公文類纂』、詳細は拙著『世界史のなかの台湾植民地支配』二〇一五年参照）。

・「日本人が住民の葬式を妨害し、泣男を侮辱し、頭の布を取り去って婦女の美醜をあげつらい、棺の蓋を開けて屍体を検分した」（日本人、土人ノ葬式ヲ妨ケ泣男ヲ侮辱シ頭布ヲ引去リテ婦女ノ醜美ヲ評シ、棺蓋ヲ開キ屍ヲ検スル）

・「地方に軍隊のための道路を築造する際、住民に告げることなく墳墓を掘り起こし、土中に埋められていた棺を荒野に打ち棄てた。棺の中の屍体は最近埋葬したばかりであり、腐乱しているものも少なくなかった」（地方軍路築造ノ節、何等ノ沙汰モナク墳墓ヲ発掘シ棺ハ荒野ニ放棄セラレタリ。此等ノ棺中ニハ近来埋葬セルモノニシテ屍腐爛セルモノ少カラズ）

台湾在来の住民は資料では「土人」と呼ばれている。「土人」に対しては何をしてもよい、日清戦争「戦勝」に浮かれた日本人がそのように考えて傍若無人な態度をとっていた。同じ時期、日本軍兵士が抗日ゲリラの巣窟とみなした村落の住民を皆殺しにして焼き払う事件も生じていた（雲林虐殺事件）。ここで着目したいのは、墳墓をめぐる日常的な「侮辱」が、こうした「虐殺事件」の広大な裾野を形成していたことである。厳粛たるべき葬式に乱入し、墳墓を掘り起こし、腐乱した屍体をあばく……。屍体への冒瀆は、死者を悼む近親者にとって深い屈辱であったことだろう。それにもかかわらず、日本人官吏に訴えても相手にされず、追い返されることが一般的であった。実際、先の史料には、酔っ払った日本人人夫が「土人」民家に乱入して娘を強かんしようとしたところ、母親がこれを遮ったために棒で殴り殺した、これに憤った村民が日本人官吏に訴え出たが、「女ノ身ニ不相応」と斥けられた出来事も記されている。たとえひどい侮辱がおこなわれたとしても、警察がこれを不問に付し、さらに軍隊のような実力組織が有無を言わせぬ対応をすべく待機している……。そのような事態こそ筆者の考える「植民地」の原風景である。

一般的な人間関係においては他者を侮辱すれば憤りを招き、場合によっては報復を受ける。だが、一方の人びとが国家権力を後ろ盾としており、他方の人びとがそうではない場合は、いわば「気軽に」他者を侮辱することが可能となる。報復を受ける心配がほとんどない上に、国家から罰せられる懸念もないからである。「土人」とされた人びとが潜在的あるいは顕在的な「国家の敵」である場合には、罰せられないどころか、位階勲等をもって国家により顕彰されることさえもありうる。さらに国家権力そのものは、不法行為により生じた損害に対して賠償責任を負わない「国家無答責の法理」により守られてきた。侮辱的な行為は日常生活世界においてアット・ランダムに発生しているようだが、実際には「この人たちのことは気軽に侮辱してよい」という磁場が国家的に形作られてきた。女性や障がい者を標的とした侮辱と並んで強力な磁場を構成したのが、沖縄や奄美など一定の地域とのかかわりを目印として作動する植民地主義である。

侮辱を植民地主義の核心として考えたときに、琉球遺骨問題はどのような相貌を表すのであろうか。ここでは一九二〇〜三〇年代における盗骨の過程ではなく、二〇一七年四月から五月にかけての松島泰勝氏（以下、松島と略す）と京都大学総合博物館（以下、博物館と略す）とのやりとりに即して考えることとしたい。なぜならこのやりとりが松島らを原告とする「琉球遺骨返還請求訴訟」の発端であるとともに、筆者自身が松島と博物館のあいだで仲介者的役割を果たした当事者だからである。「京都大学の植民地主義を問う」に際して総長・理事など大学執行部の責任を問うべきなのは当然だが、「京都大学教授」という肩書きを持つ筆者もまた、その責任の一端を担わざるをえない。逆説的ではあるものの、自らもまた「京都大学の植民地主義を問う」実践に参与することにより、不十分ながらも、自らの責任に応答することに努めたい。

松島泰勝氏と博物館の交渉

まず、できるかぎり客観的に松島と博物館の交渉にかかわる事実関係を記しておく。

二〇一七年四月一五日（土）、松島より「琉球人遺骨問題に関するお願い」と題するメールが駒込宛に送られてきた。趣旨は次の通り。北海道大学で開催予定の日本平和学会分科会報告のための調査として京都大学博物館に連絡、「遺骨がどのように保管されているのかを確認し、その種別、大きさ等を計測」すると同時に、「同遺骨に関する研究状況等について質問」したいと伝えた。これに対して、「京都大学の教員を通じた見学申し込みでなければ受け付けられないとの返答」を受け取った。そのため駒込に紹介者になってほしい。駒込は、この松島の依頼に応じる旨を返信した。

四月一七日（月）、松島は博物館から博物館のinfoアドレス宛にメールで琉球人遺骨見学申し込みの旨を伝えてほしいという応答を受け取り、これを駒込に転送した。同時に、翌日から内視鏡手術に入る旨を伝えた。

四月一八日（火）、駒込は博物館のinfoアドレス宛にメールを書き、博物館所蔵の琉球人遺骨について「龍谷大学の松島泰勝教授とともに見学したい」旨を申し出た。

四月一九日（水）、岩崎奈緒子博物館長（当時）から駒込に電話があり、「人骨そのものは骨の扱いに馴れた人類学者でなければ触らせることはできない」と語った。これに対して、人骨を「計測する」「触れる」ことが難しいとしても「どのように保管されているか」を確認することはできるはずだと答えたところ、「それも難しい」との返答。理由を尋ねると「人権問題だから」とされた。駒込が「いったい誰の人権をどのように守ろうとしているのか?」と尋ねると、「とにかく人骨は専門家以外の人に見せることはできない。人骨にかかわる文書ならば閲覧できる可能性もある」という返事だった。

四月二〇日（木）、博物館は松島宛にメールを送信、同文を駒込宛にも送信した。そこでは「標本利用申請書」を添付して次のように記していた（洋数字を漢数字に変換した）。

> 標本番号については、今帰仁村文化財調査報告書第一八『百按司墓木棺修理報告書』（二〇〇

> 四年八月、沖縄県今帰仁村教育委員会）掲載のリストによりご指定ください。
> 駒込氏には四月一九日に館長より電話で説明したところですが、館蔵資料の閲覧は、いずれの場合でも、研究目的、及び、それぞれの資料の取扱いの熟達度や研究実績等を考慮して、閲覧の可否を判断しております。駒込氏のメールや電話でのお話には、判断できる情報がありませんため、まずは、申請書を郵送ください。なお、人骨資料は脆弱ですので、資料保存の観点から、閲覧件数を限る場合もありますので、ご了承願います。

これに続いて「人類学資料収蔵庫の見学」には応じられない旨も記されていた。駒込は松島の退院まで連絡を控えようと考えていたが、このメールへの対応のために松島にメールを送信し、遺骨の「実見」ばかりでなく、遺骨の保管状況の確認などの説明も求めた方がよいのではないかと記した。

四月二一日（金）、手術を終えたばかりの松島から駒込宛のメール、遺骨の「計測」「実見」以外の要求も盛り込むことに賛意を表明した。駒込は松島からの回答を受けて、「遺骨の実見」以外の要望はどのように記せばよいか質問するメールを博物館に送信した。

四月二五日（火）、博物館から駒込宛の回答メール。「資料閲覧以外の要望については、別紙としてまとめ、申請書に添付してください。なお、可能な範囲での対応となりますのでご了承ください」と記していた。駒込はこのメールを松島に転送した。

四月二六日（水）、松島から駒込宛のメール。この前日に退院、早期胃がんで胃上部の粘膜剥離術の手術を行ったこと、さらに二ヶ月後くらいに胃の全摘手術を行なわねばならないことを伝えつつ、週末に京大宛の申請書類の作成に携わるつもりと伝えた。

五月六日（土）、松島から駒込宛のメール、「標本利用申請書」と「京大質問事項」と題する文書の草案を送信したことを報告。後者の「京大質問事項」の全文は次の通りである。

一　遺骨の保管は現在どのように行われているか
・安置している室（場所）はどこか（場所及び正確な室名）
・安置の方法はどのようなものか（差し支えない範囲で、安置している室の設備・安置方法がうかがえる写真（※実見ではなく写真。例えば棚の状況など）を示してほしい）
・遺骨はどのようなものに納めているか（遺骨を納めるための木箱かなのか、標本的な扱いの容器なのか等）
二　遺骨について慰霊その他遺骨の尊厳を重んじた扱いをしているか
三　これまでに遺骨を用いて京都大学の教員・大学院生・学生により行われた研究（論文のリストなど）
四　これまでに遺骨を学外の研究者等の利用に供したことがあれば、その記録
五　当該遺骨が京大に保管されるようになった経緯と手続き

駒込はこの草案に異論ない旨を返信した。

五月一六日（火）、松島から駒込宛のメール。五月八日に始まる週の早々に送信したが、返信がなかったので、この前日にメールにて申請書と質問文を送信したところ、博物館から「申請書への回答」と題する返信が送られてきたと伝える。その本文は次のようなものだった（文書は五月一二日付、洋数字を漢数字に変換）。

前略　平成二九年五月八日付貴殿より申請のありました標本利用について検討した結果、当該標本の利用は不許可といたしましたのでお知らせいたします。

また、標本利用申請書の別紙としていただいた質問事項についてのご回答及びご要望の記録の提供には応じかねますのでご了承ください。　草々

事実上の回答拒否ともいうべき文面に対して、松島は駒込宛に「到底、真摯な態度であるとは言えません。何らかの対抗措置を考えたいと思います」という書簡を記した。駒込もまた「ひどい回答」だと感想を述べながら、六月五日に予定されている研究会で会った時に今後の対応について相談したいと返信した。その後、駒込は岩崎館長に抗議したものの物別れ、次の一手を考えあぐねて単に問題を放置していたが、松島は国会の国政調査権を利用して京都大学に回答を求めるなどあらゆる手段を尽くした上で、二〇一八年一二月に「琉球遺骨返還請求訴訟」に踏み切った。

反復される侮辱的行為

博物館の対応にはふたつの転換点があった。

第一は、四月二〇日である。博物館は松島からの照会に対して、京都大学の教員を通じて申し込んでほしいという回答をした。教員の照会がありさえすれば、遺骨の「実見」も可能であるかのような説明であった。そこで駒込が博物館に照会したわけだが、回答は駒込ではなく松島を宛先として行われた。この段階で博物館は、限定的な対応をしようという方針を定めたと考えられる。

博物館が限定的対応を正当化するために持ち出したのは、学術上の専門性と人権だった。「標本」の「計測」を断る理由とされたのは専門性だが、それだけでは説明までも断る理由とはなりえない。そこで博物館長は「人権」という原理を持ち出したわけだが、いったい誰の人権なのか。一般論として考えられるのは、ご遺族（厳密には祭祀承継者）の人権である。遺族でなければ対応できないという回答は、遺骨ひとりひとりの違いを重視した場合、原理的にはありえる。だが、それならばなぜ、人類学の専門家は、遺骨を「実見」できるばかりか「計測」までできてしまうのか。そもそも人類学の「専門家」として遺骨を勝手に「収集」して「標本」とした行為は、遺族に対する重大な人権侵害ではないのか。この時点での博物館の対応は重大な自家撞着をはらんでいた。すなわち、人権尊重という原理は形式的な言い訳にすらなっていなかった。

第二の転換点は、五月一六日に松島宛に送信された回答である。この時には遺骨の「計測」「実見」はもとより、遺骨の収集や保管にかかわる説明すらも一切拒絶した。はじめからこのような回答をするつもりならば、学内の代理人を探せとか、「標本申請書」を提出せよとか、質問事項があれば別に記せ、という対応も必要なかったはずである。言葉を換えれば、それまでの経過でさまざまな条件を次々と繰り出しながら全ての説明を拒絶したのは、不可解である。博物館で四月二〇日の回答を作成した際には関与していなかった主体――おそらく京都大学総長や理事――が新たに意思決定に参与して方針を転換したものと推測できる。京都大学では、二〇一四年の国立大学法人法・学校教育法の改正以来、教授会の役割が骨抜きにされて、「トップダウンのガバナンス」という名目の下に総長・理事による専断的な仕組みが強化されている。この遺骨問題について、教授会で審議されていないのはもちろん、報告すらされていない。国家機構ほど大仕掛けではなくても京都大学も官僚機構であり、これにより固く防御された人びとが、報復される恐れを感じることもないままに、説明を拒絶したわけである。しかも、京都大学が「門前払い」の決定を下したのは、松島が早期胃がんで生死の関頭に置かれた状況においてのことであった。固い鎧で身を固めた組織と壊れやすい個人という圧倒的に非対称的な関係をそこに見出さないわけにはいかない。

　それにしても、京都大学は「人権を尊重した運営を行うとともに、社会的な説明責任に応える」ことを「基本理念」（http://www.kyoto-u.ac.jp/ja/about/operation/ideals/basic）としているはずである。それにもかかわらず、なぜ回答には「応じかねます」などという説明放棄をあえてしたのか。その理由はわからない。ただ、学術的な専門性の原理と人権の原理の都合のよい使い分けひとつをとっても、首尾一貫した説明が困難な状況であったとは考えられる。本来ならば、戦前期に京都帝国大学の学者が沖縄や奄美の人びとの遺骨を勝手に持ち去って「標本」としたことそれ自体を侮辱的行為であったとして反省し、その真相究明を約し、謝罪すべきだった。だが、これを侮辱として認めることを否認する頑なな姿勢が、今日における新たな侮辱を生み出している。

　今日の京都大学当局は「土人」という侮蔑的ニュアンスの言葉を直接的に投げかけているわけではない。だが沖縄の高江ヘリパッド建設現場では、機動隊員が反対派住民に対して「触るな。土人」という言葉を投げつけている（https://www.okinawatimes.co.jp/articles/-/67175）。また、山極壽一京大総長は、二〇一九年八月六日に開催された京都大学職員組合との懇談において、琉球人骨問題がとりあげられた際に「このことを問題にしている方はかなり問題のある人だとも承知しています」と発言している。この言葉は、構造的な権力関係に属する問題を一方的に評価した人柄の問題にすり替えつつ、「土人の身に不相応」「土人を追っ払え」と言っているのに等しい。さらに、「琉球遺骨返還請求訴訟」において、被告京都大学は博物館が松島の要求に応えなかった理由は研究方法の具体的な記載や標本の取扱いに関する具体的な記述がなかったことだと主張しているが、この説明は「標本利用申請書」による申請を拒絶したばかりでなく、これに添付された「質問書」への回答すら拒絶した事実を意図的に隠蔽している。

　かくして以前の侮辱を否認する行為が新たな侮辱を生み出し、植民地主義の実践としての侮辱を反復している。このような暴力の連鎖を打ち破り、京都大学に「説明責任」を実践させるためには、訴訟に勝利するほかはない。たとえ遅ればせながらであっても、筆者もその隊列に加わりたい。

コラム

京大学内の現状と一学生としての活動報告

京都大学学生　つじねこ

今、京都大学はアイヌ・琉球・奄美の盗掘した遺骨の返還を拒否し、琉球民族の遺骨返還請求訴訟では、遺族の許可を得てすらいないのに「盗掘ではない」と開き直るなど、先住民族に対する差別意識や学問による暴力をますます露骨にしています。一方で学内外を問わず、京大としてこの問題に対し広く見解を表明するようなことは一切していません。更にアイヌ民族の遺骨を巡っては、話し合いや遺骨の実見・直接返還を求める当事者を門前払いにしながら「日本政府の方針に従い『民族共生象徴空間』への移管を進めている」とし、大学としての責任をごまかそうとしています。遺骨をめぐる問題と責任を「なかったことにしてしまおう」という雰囲気を強く感じます。

大学が遺骨を盗掘・保管することで先住民族の自己決定権や信仰を侵害し、今なおこうして虐げ続けている事実に対して、京都大学の学生や教職員は、もっと向き合わねばならないと思います。まず、自分が属する大学で今まさに進行している植民地主義の問題であるからです。そして、遺骨は研究に供与され続けねばならない、とする日本人類学会が昨年京大総長にあてた要望書（本書巻末資料）が典型的ですが、「研究（者）こそが真実を明らかにでき、他者の歴史やアイデンティティを『証明』できる」という傲慢や、世界中の文物・情報を元の場所から取り上げ我が物にし「研究することがその人の為にもなる」とすら言ってのける体質は、現在に至るまで、広く学問全体のはらむ問題だと思うからです。

そうした考えから、遺骨盗掘問題について学内で可視化し考える場を作ることを目指し活動しています。主に自分が居住している吉田寮（京大の学生寮）で学習会や写真展を開いたり、京大の遺骨返還を求め活動されているアイヌ民族の方にお越しいただき「アイヌ民族料理教室・交流会」を企画してきました。また二〇一九年の京大学園祭では、京大戦争遺跡研究会などの学生有志と共同でパネル展を企画し、遺骨盗掘問題とともに、アジアの侵略・支配を見据えて後の京都学派の研究者たちが「民族研究」を行った西北研究所や、遺骨を盗掘した清野謙次やその直弟子の石井四郎など多数の京大研究者が関わり残虐な生体実験を行った日本軍七三一部隊について紹介しました。

こうした企画に、多数のとは言い難いですが、京大や他大学の学生や大学職員の参加もあります。留学生で関心を持つ人も多いです。京大に長くいても「遺骨問題について初めて知った」という方も多く、取りも直さず京大の植民地責任が不可視化されている現状を痛感します。「知った」上で、自分自身とどのように関係する問題として向き合うのか。今の京大の姿勢を変えるためにどうするのか。そもそも大学の責任は、単に遺骨を返還するだけに留まらないということ。学び、考えねばならないことは多いですが、遺骨の返還や自己決定権回復を訴える先住民族の声を黙殺してしまっている現状を少しでも変えていくことを目指し、行動していきたく思います。

負の連鎖に終止符を——奄美人遺骨収集事件の背景

京都大収蔵の遺骨返還を求める奄美三島連絡協議会事務局長　原井《はらい》一郎《いちろう》

窮状につけ入った軍と京都帝大

第一次大戦後の一九二二年、ワシントン海軍軍縮条約は、日本に島嶼部の「軍事施設の要塞化」を禁じた。対象の一つが奄美大島。これにより前年に始まった奄美南部、現・瀬戸内町古仁屋《こにや》一帯への要塞築城が中断した。

この外交決着は一つの疑念を惹起した。古仁屋在のフランシスコ会・カナダ人神父が、基地の地図を所持していた、と地元紙が書き立てたのだ。この漏洩が元で基地削減に繋がったとするスパイ疑惑は、すぐに石礫になり、神父は島を追われた。

軍縮はしかし掛け声倒れに終わる。ほどなく古仁屋に奄美大島要塞司令部が誕生、島ぐるみ要塞化が本格化する。そして戦局が緊迫すると、カトリック排撃熱がぶり返した。

奄美は「クリスチャンの島」として知られている。長崎に次ぐ信徒率を誇り、今も集落の多くに尖塔が聳える。それは維新後、長く過酷だった薩摩藩圧政の軛を脱し、新たな精神的支柱を求めた島民が、「平等」を謳うキリスト教に救いを求めたことによる。一八九一年に長崎からフランス人宣教師・フェリエ神父が来島、最初の洗礼が行われ、大正末には信徒数は四千人を超えた。またフランシスコ会は子女教育の充実を求める地元の声に応じ、「大島高等女学校」を開設、教育振興でも一翼を担った。

だがこの外来信仰を、隙あらば廃絶したい超国家主義者たちは、大島高女が教育勅語を奉読しなかったと槍玉に挙げ、名瀬《なぜ》町民大会で廃校に追いやった。また「カ教教義は国体・国民精神と相いれず、部落の統一・平和を害する」との要塞司令部のプロパガンダに操られ、地元青年団が信徒宅に押し入って十字架、ロザリオ、祈禱書を奪い、ついには名瀬の聖堂内の十字架が壊され、大笠利《おおがさり》教会は焼失。信徒の受難、試練が引き起こされた。

当時、さらにもう一つの憂苦が「砂糖の島」奄美に巣喰っていた。

「松前の蝦夷人《アイヌ》捌きより甚だし」と西郷吉之助が酷評した薩摩藩下での奄美の苛政。維新はその苛斂誅求、砂糖地獄から島民を解放するはずだった。だが待っていたのは更なる搾取。砂糖の自由売買を求め、島民がこぞり立った勝手世《かってよ》騒動を経ても悲願は果たせず、やがて日清・日露の熱気に掻き消される。

そうした中の一八九九年、未曽有の台風飢饉に晒された与論島からは、下層民が三池炭鉱の積出し人夫として弾き出され、最多一二〇〇人にのぼる集団移住者は、無知に付け入られ「牛馬扱い」の搾取を受けた。

さらに大正期に起きた世界的な糖価暴落は、「ソテツ地獄」を再来させた。島を脱出する島民の群れが辿ったのは、大阪商船の向かう阪神地帯。尼崎には二万人もの奄美人コミュニティーが形成されたが、言語や生活風習の違いから差別され、大都市の底辺に組み敷かれた。同様、軍隊でも出身兵士は毛深さなどから白眼視され、アイヌ、朝鮮人扱いに。こうした焦燥から、名瀬青年団が決起し「奄美人はアイヌに非ず」と決議するに至った。

このアイヌに対する奄美人の無思慮は、非難されてしかるべき行為だ。だが希望で迎えた近代からも疎外、排斥された島民が、脱出路を求めた窮余の言動は、止むに止まれぬ側面もある。むしろ糾弾されるべきは、長閑だった島々に憎しみと対立を広げた軍部と、島民の窮状につけいり、墓地を暴いて祖霊観を踏みにじり、生のみならず死をも冒瀆した、京都帝大医学部・清野謙次研究室の異常な一連の遺骨蒐集だ、と私は思う。

研究者と協力者

体質人類学という科学性の薄い、出来損ないの学問で、日本人のルーツ解明と、優秀民族の立証を試みた清野研究室が、アイヌ、沖縄に次いで奄美の喜界島、大島北部、徳之島《とくのしま》の三島から奪った遺骨は合計二六五例、推計二トン（一例当たり九キログラム換算）にも及ぶが、これを担ったのが若き講師・三宅宗悦だ。

三宅は、沖縄・百按司墓などから遺骨を盗掘した助教授・金関丈夫の手法を継いで、一九三三～三五年に三度奄美入り。「大島、沖縄の人々はベルツ（お雇い外国人医師）が古く兵士の計測を行って以来、アイヌに似た体質を持っていると云われている。果たして事実か」と研究動機を日記に記し、初訪問地・奄美で実効ある蒐集を遂げるべく、京都出身で叔父と親しかった鹿児島県知事・市村慶三を表敬訪問。現地の要路への紹介状を得て、人脈作戦を展開し、警察署長や県の出先から支援、案内などの優遇を得た。

加えて軍への配慮も忘れず、調査前に要塞司令部司令官・下村義和を訪ねて助言を得ている。また来島早々、名瀬の講演会で「奄美アイヌ同源説」を否定するリップサービス。「君たちは立派な日本人だ」と鼓舞し、軍から民族（日本）的自覚を促したとして感謝状が贈られている。

こうした三宅の半ば官的、啓蒙者きどりの遺骨蒐集は、「奄美で千件突破を」と意気込んだ目標を早々突破し、清野研究室の量的課題を克服する朗報をもたらすが、一方その影となり日向となり、これに協力し買弁的役割を演じた、地元協力者にも触れないわけにいかない。

中でも三宅の助言役だった郷土研究家・茂野幽考の存在は注目されるべきだ。茂野はこの頃、『奄美大島葬制』など島の民俗的論考を世に出していて、三宅はこれを参考に遺骨蒐集の構想を練った。そして鹿児島で民俗学に詳しい奄美出身の県視学・永井龍一に面会し、茂野を紹介され、現地で風葬地への道案内を乞うている。茂野にすれば最高学府からの協力要請に、得意を感じたに

約400年前につくられた奄美大島・笠利町万屋の城間トフル墓群
（崖のトタン板囲いの中に遺体が風葬されている）

違いない。笠利村調査時には、奄美の名物「八月踊り」を「是非お見せしよう」と地元青年団、婦人会を動員、披露させてもいる。

茂野は一八九六年、現・瀬戸内町古仁屋に生まれ、高等小を卒業後、上京し東京工科学校入り。中南米旅行で民俗学に開眼したらしく、帰省して南島婦人の入れ墨などを調べ、その成果を手に再び上京。同郷出身でロシア文学者・昇《のぼり》曙《しょ》夢《む》や「沖縄学」の伊《い》波《は》普《ふ》猷《ゆう》を訪ねて薫陶を受け、一九二七年には『奄美大島民族誌』を上梓、更に柳《やなぎ》田《だ》国《くに》男《お》の門を叩くなど新進研究家として売り出し中だった。

偶然ながら茂野が指導を仰いだ伊波こそ、奄美人を苦しめたアイヌ祖先説の震源の一つで、伊波の著書『古琉球』には「（ドウダーライン博士は）奄美大島の住民中に顔面、胴部、手指共に多毛を以て覆われたのが多いのを見て、アイヌの血が混じって居ると断言された」などの傍証を列挙、これを昇が十分に確認もせずに踏襲し、「奄美アイヌ同源説」は定着した。だがドイツのお雇い外国人ドウダーラインは、確かに一八八〇年に奄美調査に来島したが、「私自身はアイヌを知らないし、その毛深さを別にすれば大島人との類似点をほとんど見出せない」と真逆の見解で、伊波らの誤った引用、不十分な検証が世に拡散され、島民を苦しめたことになる。

またこの時の伊波の奄美古墓調査には茂野も同道したようで、「笠利には屍の累々たる所が数か所あるが、いずれも風葬跡地であるらしく、岩窟葬の遺跡もかなりあると氏（茂野）は語っていた」（『をなり神の島』）と記すなど二人三脚ぶり。後にこの著述を手にした三宅を舌なめずりさせたことだろう。

折り重なる被害と加害

茂野の存在は民俗分野だけでなく、国粋主義者としても際立っている。大島高女の排斥運動は地元紙が書き立て世論を煽ったが、その指南役が「奄美国防研究会」だった。会には三人の新聞人が幹事として名を連ね、中に「鹿児島新聞通信員・茂野幽考」の名も。このころ帰省し記者に転身、高女排斥の先棒担ぎをしていたことになる。

茂野はまた、名瀬の知られたカトリック信徒・久保喜助が奄美大島の北海上の無人島・横当島《よこあてじま》を

中世以前の生活跡と風葬地が併存する徳之島・伊仙町の面縄貝塚

「五〇年間の地上権設定を登記している」と、要塞司令部参謀・角和善助少佐に密告。驚いた角和は、「横当島に無線機が設置されれば敵に諜知される」と危機感募らせ、これを機に「カトリック信者はスパイ」と明言、再び排撃運動が燃え盛った（徐玄九「奄美におけるカトリック排撃運動」『沖縄文化研究』三七号）。

　こうした茂野の極右的言動は民俗研究でも貫かれていて、「大東亜共栄圏構想にこそ人類学が不可欠」とする清野研究室の時局便乗に加担、奄美人遺骨二六五例の蒐集に貢献するが、それは茂野ひとりではない。

　徳之島の面縄《おもなわ》遺跡や喜念《きねん》原始墓などから遺骨を持ち帰った三宅は、その代表的な発掘指導者として名が刻まれているが、実際の発見者は広瀬祐良だ。本川《ほんがわ》遺跡（徳之島町）の発見者としても知られる広瀬は伊《い》仙町《せんちょう》出身で、教員から朝日新聞通信員（大島朝日？）に転じ、幾つもの遺跡を発見した。だが今日もだが、こうした無名の地方研究家はつねに「考古学ファン」扱いで、功績は高名な学者に奪い去られる。したがって広瀬も茂野も、京都帝大の清野研究室の道案内役に過ぎなかったことになる。でありながら、彼らの民俗学への忠義だては、一方でウヤガナシの祖霊信仰厚く、風葬地を大切にしてきた一般島民をどこか見下した、啓蒙主義をまとっていたように思えてならない。

悲しむべき島の知識人のこうした姿勢は、実際は在野だけでなく、著名な学者群の中にもあった。その一人がやはりアイヌ遺骨の収蔵が問題視されている九州大で七〇年以降、人類学を担った、名瀬出身の医学部教授・永井《ながい》昌文《まさふみ》だ。九州帝大を卒業、金関丈夫教授＝戦後に台北帝国大から転入＝の助手に就任。金関と共に波照間島《はてるまじま》や種子島《たねがしま》広田《ひろた》遺跡の発掘調査に参加、大量の遺骨を蒐集している。後に人類学会大会の会長もつとめ、「古人骨の蒐集と分析に捧げた一生」との評価はだが今後、検証に付されるべき幾つもの問題を孕んでいる。したがって奄美の地からの、京都大への告発は、永井によって加害者にも転じかねない厄介さを抱え込んでいる。

さらに付言すれば、永井の実父・亀彦は鹿児島一中の博物学教師として知られ、前述の如く、奄美を初訪問する三宅に茂野幽考を引き合わせた永井龍一は亀彦の実弟。一族二代で遺骨蒐集に関わっていたことになる。

何を問い、何が問われているか

今回のこの共著書の出版企図は、アイヌの遺骨返還では責任逃れに終始し、琉球民族・奄美人問題でも無視を決め込む、不誠実極まりない現・京都大の管理者側へ怒りの世論を結集、一日も早い解決に繋げることにある。

だが私が敢えて本論から外れ、奄美での遺骨蒐集の側面的な末葉を、あれこれ述べたのは、問題の解決には単に被害・加害の当事者間の論争、あるいは訴訟だけでも落着しそうにない問題を抱えていると考えるからだ。それは何かといえば「遺骨とは一体何か」である。時代の急激な変化の中、それへの国民合意の形成なくして、隔たりは埋め得ないのではないか。

そうした思いを抱いた一つは二〇一九年三月、台湾の国立台湾大学から沖縄に返還された遺骨六三体の取り扱いをめぐる問題だ。そこでは遺骨が念願の故郷に帰着しながら、一日も早く再風葬をと願う祭祀承継者のもとに届かず、仲立ち役に過ぎないはずの教育委員会が、なぜか自らの権利品のように秘匿し、住民を寄せ付けないことだ。これでは何のことはない、遺骨は光の届かない、保管庫から保管庫へ、「人骨コレクション」として移管されたに過ぎず、相変わらず研究者が望めばその「資料」となりうる途をも残している。

こうした人類学会から地方教委までが申し合わせたように、一致結託する背後には、遺骨研究がすべてに優先され、いったん得たものは盗品であれ、学術研究という美名を被せれば、自家薬籠中の物であるという甚だしい思い込みがあるからではないか。そして残念ながら、こうした誤謬を正さない限り、事態は根本で解消せず、遺骨もまた私たちの元に還らないことを沖縄県教委の例はよく示している。

教育委員会システムは戦後日本に、ＧＨＱが軍国教育から脱却、政治的中立を貫く民主化策として、アメリカ本国の制度を導入したもので、最も早く学校再開にこぎつけた戦後沖縄では手づくり教科書をガリ刷り発行するなど、自主独立の精神、気風を芽生えさせた。だがすぐに官僚主義の掌中に落ち、臨教審第二次答申が現行の教育委員会を「教育の地方分権の精神についての理解、主体性に欠け、二十一世紀への展望と改革への意欲が不足している」と指弾したように、横並びと事なかれ主義に染まり、ひらかれた教育とは次第に程遠くなっていた。

沖縄県教育庁にはすでに遺族側から返還要求が突きつけられているが、その返還遺骨には、少なくとも一例の奄美人遺骨が含まれている。これは一九二九年一月、金関が那覇市若狭《わかさ》の赤面原《あかちらばる》の行旅死亡人墓地から盗掘した奄美大島出身者二人の中の一例である。その郷土同胞の遺骨の存否を確かめようとする私たちの情報公開請求を、沖縄県教育庁文化財課は二〇一九年一二月、「人骨受取り時の資料は個人情報及び確認が必要な情報があるため、現時点でご提供できる資料はございません」と持って回った表現で、不誠実な回答を寄越してきた。一体、沖縄県教育庁は他県人の遺骨を引き取り、それを収蔵する権利がどこにあるというのだろう。しかもその遺骨はまだ百年も経ない、当時は埋葬されて間もない時期に掘り起こされた屍だ。明らかな刑法違反の犯罪行為で領得されたものだ。

私たちはこの一点からも上は文科省から大学、下は自治体の教育行政に至る、甚だ不遜な学知のヒエラルキーを世論で包囲し、返還と謝罪に繋げるよう、問うべき、あるいは問われるべき委細を一点残らず掘り起こし、一層取り組みを強化する必要がある。

幸いここ数年、世論の盛り上がりで、事態は徐々に動きつつある。一日も早い返還のためにも、琉球民族遺骨返還請求訴訟の先頭に立つ龍谷大・松島泰勝教授やアイヌ支援団体とも手を携え、険路を踏みしめたい。

コラム

加害を庇い合う研究文化

京都大学学生　中野《なかの》　楓《かえで》

子供の頃読んでいた少女漫画（小花美穂『パートナー』。掲載誌『りぼん』集英社、一九九九～二〇〇〇年連載。フェミニズム的な要素があるので、私としてはその点からお薦めしたい）で、事故死した妹の遺体を盗まれ改造された主人公が、「死体なんだからいいじゃないか」と言い放った科学者に対して、「その死体を盗まれた家族の気持ちなんか考えないわけね！　どんなに哀しいことか……わからないんだ!!　最低だよ！」と椅子を投げつけるシーンがあった。世間から隔たった研究所で、天才科学者と彼の研究を信奉する者たちが、市中から遺体を盗み改造を繰り返す。主人公たちは家族の遺体を盗まれたことを発端にこの研究所に辿り着き、その異様さに驚愕し、感覚を異にする所員たちに「ここはおかしい！」と訴え声を上げる。この物語はフィクションだが、そう違わないことを京都帝国大学の研究者たちが実際にやっていた。

「研究」という欲望のために、無断で他人の墓を暴き遺体を盗む。身勝手でおぞましいし、実際にやってしまったのなら罰を受けるべきだ。しかも遺体を盗んだ相手は、他民族や被差別部落など、日本帝国主義が周縁に位置付け差別してきた人たちだった。

この事実を知った私は「普通に、有り得ない」と感じると同時に、驚きはなく「いかにもやりそうだ」とも思った。研究によって搾取された側の痛みが想像できない。露悪的な連中は、研究という名目で為し得た侵襲行為を武勇伝として平然と自慢する。「遺骨略奪問題」が裁判沙汰となり報道されているにもかかわらず、学生、教職員らを含む京大関係者の内から事実究明、謝罪、再発防止を訴えるなど、この問題を主体的に考えようという動きが大きく起こっていない現状こそが、京大のひどい空気感を何よりも雄弁に語っている。京大内部の大多数の人にとって、「遺骨略奪」は受け流せることであり、非難する気が起きないようなことなのだ。悪い意味で普通に有り得ないことを「有り得ない」と言えない京大の文化は、エリート、金持ち、日本人、男性、シスヘテロ、健常者などの特権階級が圧倒的多数派である人口構成に支えられ、加害を庇い合う様態で存続している。

「研究とは、利己的で搾取的なものだ」と、周縁に位置付けられ権力から遠ざけられてきた者たちは、いつも警戒させられてきたし、研究者の差別的な眼差しを指摘し是正するという世話を焼かされてきた。研究とは、言葉と理論を駆使し概念を生み出すものでもある。適切に扱われたそれは、不当に周縁に置かれた者にとってこそ、この世界を生き延びる武器にもなる。研究によって搾取されることが第一の被害なら、その被害によって警戒させられ研究にまつわる資源から遠ざけられることが第二の被害だ。研究者自身が利己的な欲望に打ち克ち、誤った研究文化を滅ぼし、社会正義のために行動できるようになることを、一学生として切に願う。

Ⅲ

琉球の
死生観・歴史・骨神信仰

浜比嘉島にて。金城實の祖父・漁夫マカリの葬送。（撮影　牧田清）

遺骨返還は私たちの責任

琉球人遺骨返還訴訟を支える会／琉球・沖縄会員　横田《よこた》チヨ子

私は、一九二八（昭和三）年五月八日、沖縄県中頭郡《なかがみぐん》美里村《みさとそん》字池原《いちばる》（現・沖縄市）で生まれました。現在九一歳です。

琉球からの移民政策で、父はサイパンに行っていました。

この裁判で原告になっておられる照屋寛徳氏はサイパンの生まれと聞いております。「沖縄の心は何か？」と問われ「ヤマトンチュになりたくてなりきれない心」と表現された西銘《にしめ》順治《じゅんじ》元知事も、パラオの育ちです。

私は三歳の時に父に呼び寄せられ、私も、母と次兄と三人でサイパンに引っ越しました。委任統治下のサイパンに住んでいれば兄が徴兵を免れるという理由もありました。長兄一家も後から呼び寄せられて来ました。

サイパンで戦時中を過ごし、私が沖縄に戻ってきたのは、戦後の一九四六（昭和二一）年でした。父と兄二人はサイパンで戦死したので、沖縄に戻ったのは、私と母と、サイパンで生まれた弟の三人でした。兄の子どもらもサイパンで亡くなりました。

サイパンでは、地元の島民、沖縄の人、朝鮮の人は、ヤマトの人より下に置かれて差別されていましたので、私は、ヤマトの人よりも台湾や朝鮮の人と仲良くなりました。父から差別は絶対にダメだと教えられて育ちました。私たちを差別してくるヤマトの人に対しても「ナイチャー」という蔑む言葉は使わず、「ヤマトンチュ（ヤマトの人）」という言葉を使うよう言われて育ちました。

サイパンでは、「具志川村会」と言って琉球出身者が集まったコミュニティがありました。そこでは琉球の文化が生きていました。

サイパンで琉球の人が亡くなった時には、箱に入れて土葬をして、饅頭型のセメントで覆って、お名前などを刻んでいました。

従姉妹の葬儀に参加したことがありますが、そのとき、大人たちが仕立てた白い着物を従姉妹に着せて、その胸元に針を七本刺していました。私はそれを不思議に思い、何かと聞くと、あちらの世界に行くまでに喉が渇くので、針を一本一本水に変えてもらいながら行くのだ、それで四十九日まで生き延びるのだということでした。初七日で一本、ふた七日で一本、ということなのでしょう。

私は戦後、沖縄に引き上げてから大人たちにこの風習のことを聞いてみたことがありますが、昔の沖縄のしきたりだということで、「あんたのお母さんはサイパンでもきちんとしきたりを教えてくれてたね」と言われました。

サイパンはカトリックの土地でしたが、私たち琉球の人は、琉球の習俗にしたがって洗骨の行事をしていました。亡くなってから三年後にお墓を開け、洗骨をし、洗ったご遺骨を厨子甕《ずしがめ》に入れて白布で包み、沖縄に送り返す人もいましたし、サイパンにある南洋寺や本願寺に預ける人もいました。

私は、洗骨に三回くらい行ったことがあります。子どもだったのであまり興味はなく、洗骨が行われている最中、野原で遊んでいたりしました。箱を開けた時にお骨を見ましたが、箱に入れられていたので綺麗なものでした。それを、皆が泡盛で拭いて綺麗にして、厨子甕に入れるのです。洗骨は亡くなった人との再会の場でした。

南洋では一九四四（昭和一九）年七月七日に戦争が終わりました。私は一六歳でした。

六月一一日に始まった空襲では死にそうになりました。艦砲射撃の中、自分はもうすぐ死ぬのだと思いながら地面に伏せていました。

父と二人の兄、兄の子どもらはその空襲で亡くなりました。姪ひとりは、日本軍人に殺されたようでした。

サイパンでの終戦後、私は、収容所で二年過ごし、日本の敗戦後、母と弟と一緒に、沖縄に戻ってきました。空襲で亡くなった父らは、どこで亡くなったかは分かっていましたが、私たちは空襲から逃げてそのまま収容所に入れられてしまったので、父らの遺体を連れてくることはできず、終戦後にサイパンを離れる時にもそのまま置いてきてしまいました。サイパンを離れる時、父や兄たちには、必ず迎えに来るからねと約束しました。

沖縄に戻ると、家族は追われて山原で収容されていたり、散り散りになっていて、すぐには池原にも帰れませんでした。おそらく米軍のトラックだと思うのですが、トラックで連れて行かれ、大《おお》里村《ざとそん》目取真《めどるま》（現・南城市）に作られていた仮小屋に住むことになりました。収容所です。食べるものも水もなく、「湧稲国《わくなぐい》」という部落まで水を汲みに行き、ノビルなどを食べたり、山の方にカタツムリを取りに行ったりして生き延びました。収容所を移ることは「越境」と言って許されませんでした。

三年くらい経った頃、池原に戻りましたが、私たちがもともといた後原《くしばる》集落は焼けていて何もありませんでした。「規格住宅」といって、みんなで家を作り、割り当てを待ち、割り当てられた家に住みました。原野になって何もなかった畑を耕して芋を作り、石川まで売りに行きました。石川は、戦前は石川村という小さな村でしたが、那覇から疎開していた人がたくさんいて石川市になっていました。那覇の人たちに芋を売ったお金で味噌などの調味料を買い、自分の畑で作った野菜を食べて生活しました。アメリカ軍の仕事をする人もいましたが、私は、アメリカ軍に対して敵愾心が強く、軍作業には従事しませんでした。軍の黒人部隊が引き上げた後にフィリピン部隊が来て、弟がその軍作業（厨房）に出かけるようになりました。弟が残飯を持って帰ってきたので、そのお米を洗って綺麗に干して食べたりしました。今の人たちには戦後の食料不足など想像もつかないと思います。

そのような貧しい生活の中でも、私たちにとって拝みごとだけは大切なことでした。食べ物はないので、拝みごとをするのに、家族三人分の軍の配給の缶詰などを食べないでとっておきました。拝む対象は、亡くなった父、兄等だけでなく、父方のご先祖様、母方のご先祖様すべてです。お盆、お正月、お彼岸、父の命日などだけでなく、種まきの季節と収穫の季節の旧暦一日と一五日《ウマチー》には本家《ムートゥヤ》に行き、ご先祖様にご挨拶するのです。子どもが生まれると本家に挨拶に行き、生まれた子を守ってくださいとお願いします。私たちの生活の節目節目で、私たちはご先祖さまと交流します。

私たちにとって亡くなった先祖はとても近い存在で、「グソーやアマダイの下」と言って、家の下にグソー（亡くなった人の住む世）があり、ご先祖様たちはいつも身近にいて、いつも私たちを見ているのだと言われています。だから人を蔑んだりしてはならない、いつもご先祖様が見ていると思っています。私たちは、そういったことを小さな頃から教え込まれて育っています。

私の母は、一九五〇（昭和二五）年頃、私が一三歳の時亡くなりました。

戦後、私の家の墓があったところ（今のうるま市）は軍用地になっていて入ることができず、母の遺体を木箱《くわんちゃ》に入れて、空き地に穴を掘って埋めました。洗骨は通常、死後三〜五年後に行うのですが、お墓を用意する費用が出せず、七〜八年かかってしまいました。ようやくお墓を用意できて、その空き地を掘って母の遺体が入っている箱を掘り出しました。ずっとこんなところに置いたままにしていてごめんなさいと謝りました。母の顔の肉は綺麗になくなり、髪の毛も抜け落ちて綺麗な骸骨になっていました。生前の母の顔しか頭になかった私には、ショックでもありました。私も死んだらこのような姿を子どもに見せるのかと思うと、焼いたほうがいいのかもしれないと思ったこともありました。

しかし、後から、亡くなった母ともう一度会い、母のお骨を拭いて綺麗にし、再葬できたということで、母のお骨に対する思いがとても大きくなりました。そこで、今では、自分も火葬せず洗骨してほしいと思うようになりました。遺体を箱に入れて墓の入り口付近に置いてもらい、後に家族の手できれいな骨にしてもらいたいという気持ちです。

風葬、洗骨という習慣は、いつまでもご先祖様とのつながりを保っていくということです。焼いてしまったら灰になって、あとは命日やお盆にだけ拝めばいいというのはとても寂しいことです。ヤマトでは、ご先祖様を大切にするといっても、人が亡くなるとご遺体を焼いてしまい、檀家制度というものがあり、後はお寺さんに任せっきり、子孫は時々お参りに行くだけ、という風習だと聞いています。沖縄の私たちとはご先祖様とのつながりの強さがまったく違うと思います。琉球では、亡くなった方の魂が神となって私たちを守ってくださっているので、私たちは、そのご遺骨をきれいに洗い、厨子甕に納めなおして、その後もずっと自分たちでご遺骨やお墓を守っていくのです。沖縄人がどれだけご先祖を大切にしているか、日本人には分からないのでしょう。

このように、私たち沖縄人にとっては、お骨というのは特別に大切なものなので、私は、サイパンに残してきてしまった父らのお骨をそのままにしておくわけにいきませんでした。

私は、引き揚げてから二五年目にサイパンに行き、父が亡くなった場所を探して、アダン（タコの木）を目印にして父の遺骨を見つけました。見つけるのに一週間かかりました。同じ場所で亡くなった人は父だけだったので、遺骨はバラバラになっていましたが、父のものだと分かりました。ただ、サイパンはカトリックで遺骨の持ち出しが許されなかったので、キャンプの中にあったお寺に納めました。私は、父の遺骨の代わりとして、小石を四九個持って帰り、お墓に納めました。

沖縄では、「石も拝めば神様になる」と言って、石にも霊が宿ると信じられていました。沖縄には、やむを得ない理由でご遺体がない時、厨子甕に石を四九個入れておくという風習があります。四九日目にフッとご遺体がほぐれて、遺骨がばらばらになると言われているためです。風葬したご遺体から魂がフッと自由になるのと同じなのだと思います。そこで、沖縄の人で家族の遺骨が見つからない人は皆、同じように石を四九個持って帰っていました。

次兄の遺骨は見つからず、私は、それから何度もサイパンに行きました。お骨を琉球に持ち帰れないということは、次兄に対してとても申し訳ないことです。しかし、亡くなった場所の目印として覚えていたサトウキビを運ぶ汽車の線路もなくなって様変わりしてしまい、どうしても兄が亡くなった場所がわかりませんでした。そこで、私は、兄の分も石を四九個持って帰りました。小石を持ち帰る時、私は兄に、私に健康をくださいとお願いし、健康でさえあればまた何度も南洋に来て必ずお骨を見つけるから、と約束しました。私は、約束通り、その後も何度もサイパンに行きました。八回目に行った時、糸満から来たという沖縄の人に会い、遺骨はもうここにはない、集められて半分はバンザイクリフにある慰霊塔に、半分は千鳥ヶ淵に納められていると教えてもらいました。そこで、私は、千鳥ヶ淵にも行ってみましたが、娘が言うには、兄は千鳥ヶ淵にはいないということでした。私はそのあとも何度もサイパンに行き、五三回もサイパンに行きましたが、結局、兄の遺骨は見つからないま

百按司墓をお参りする筆者

までです。しかし、兄は今も私を守ってくれていると感じています。私は九一歳になりますが、どこも痛くないくらい元気なのは、私が兄に健康をお願いし、兄がそのとおりに守ってくれているからだと思います。

お墓もまた、私たちにとっては特別な場所です。神になったご先祖様たちは、墓地にあるお骨に宿っておられるので、お墓とはつまり神様のいらっしゃるところです。

私たちは、「マカヤカヤブキヤカイヤド（真茅の茅葺は仮の宿）、フンシマチガニヤ　ユーデーマンデー（骨神のお墓は世の代、万年も）」と言い、お墓をとても大切にします。お墓はご先祖様たちの家なので、お墓には行っていい日と悪い日があるなど、いろいろな決まり事がありますが、特別な日にはお墓へ行き、そこにいてくださるご先祖様たちと交流します。

このように、ご先祖様たちは神になり、百按司墓に安置されたご遺骨に宿り、玉城《たまぐしく》さんや亀谷さんら子孫たちを見守っていたのです。そしてご先祖様に見守られながら生きる私たちウチナーンチュは、百按司墓を大切にし、お参りし、常にご先祖様らと繫がっていたのです。

そんな場所からご遺骨を盗んでいったなど、とんでもないことです。人の先祖の遺骨を勝手に盗んでいって研究材料にするなど、とんでもないことです。京大は取っていったものは元あった場所に戻さなくてはなりません。玉城さんや亀谷さんに戻すのではありません。元あったところに戻さなくてはならないのです。

先日、同様に琉球から盗まれ、台湾大学に保管されていたご先祖様らのご遺骨が琉球に帰ってこられました。私たちは、慰霊祭を催しました。琉球に帰れて嬉しいというご遺骨の気持ちが伝わってきて、私は涙が止まりませんでした。

京都大学に留め置かれたままとなっているご先祖様たちも、私が生きているうちに必ず取り戻さないといけないと思っています。ご先祖様たちに守られながら生きている私には、その責任があります。兄に健康を守ってもらっているのもそのためだと感じています。

ご先祖様のご遺骨を盗まれたままにしてしまっては、あちらの世に行ってから、ご先祖様たちに合わす顔がありません。

骨神信仰からみた琉球と日本――「皇民化」と差別の一四〇年

沖縄近現代史家　伊《い》佐《さ》眞《しん》一《いち》

歴史的前提

二〇二〇年現在、沖縄は日本国四七都道府県のうちの一県である。しかし、東アジアの地図を拡げてみれば一目瞭然だが、琉球の島嶼は日本のメイン四島から、はるかに離れた南西に位置している。シベリア大陸からいまの中国や朝鮮をへて日本列島に人間の移動がなされたというが、その彼らが四島と琉球の島々に分かれていったのであるらしい。こうして離れて定住した人間の地理上の遠隔性は、言語や習俗の面などにおいて多少とも類似した特性を残すものではあったが、琉球と日本に住む人びとの生活を当然のことながら大きく相違せしめて、それぞれの政治・経済及び文化全体の歴史を別個に形成させていくことになった。その主体的な歩みが琉球史と日本史となって、隣接する二民族の存在として地球上に展開されてきたことになるわけである。

なぜ、こんなことをこの所論の冒頭でわざわざ書くのか。それは外見的には同じ「日本国」人として同居している琉球人と日本人が、つい一世紀半前までは異なった生活集団の行動史をもっていたからにほかならない。出自の相違が年月のなかで徐々に融和することもあれば、対等平等の関係として統合することもある。ところが残念？なことに、この両者にあってはそうはなっていないし、今後にかけても厳しい政治的な緊張と社会上の軋轢が予想されるだけに、琉・日の歴史的ありようを正しく理解することなしには、目前に横たわる喫緊の問題をほぐすことも、解決への道筋を示すこともできないだろう。互いの違いを認め合ってこそ敬意も生まれるし、共存共栄の社会も展望できるだろうことは、改めていうまでもない。

かくして、琉球と日本のあいだのただならぬ関係は、最初は十七世紀初頭に、次いで十九世紀になると西欧列強の東漸という世界史上の刺戟によって、琉・日両者の異国関係が一変する政治変動が起こった。一八七九年、日本帝国主義国家による琉球国の武力併合である。

琉球国併合による統治と改造

軍事力を背景に琉球国を強制併合してできたのが、「第一次沖縄県」である。この名称は沖縄戦後の二七年に及ぶアメリカ統治をはさんで、一九七二年以後に「第二次沖縄県」が今日まで続いていることによる。沖縄の近代一四〇年は、日本国による併合→アメリカ軍支配への遺棄→日本国の再併合、が繰り返されており、それはつねに沖縄・琉球の意思を無視した一方的なものであり、日本《ヤマト》の国益（国家理性）から割り出された処分可能な領土であった。

　では、日本にとって最初の海外領有地となった沖縄の支配は、いかなる特徴を備えていたのだろうか。それを以下、簡単に列記する。ひとつは、日本とはまるで異なる土地の形態を日本と同様の個人所有に改造したこと。というのも、琉球国時代まで土地は、基本的には各地域共同体の所有であり、そのなかの個々人は短いもので三年、長いものになると三〇年以上の年月、貸与された土地を各構成員の間で順繰りに使用していた。肥沃な場所とそうでない痩せた土地を公平に使うという目的のためで、これを地割《ぢわり》制度と呼ぶ。この古い形態の制度を資本主義社会に対応させるべく個人所有にしていく作業がおおよそ二五年費やされることになる。それによって納税主体が共同体から個人へと変わり、選挙権付与の理由づけも決定されていく。しかし、その個人所有の範疇から除外された地所が残るのであって、例えば、生活燃料を調達する杣山《そまやま》、守り神の拝所（御嶽《うたき》）や墓地などの場所がそれである。

　二点目は、独自の歩みをなした琉球史を、日本史内にあるものと解釈（つまりは改竄）し、日本国内の地方史に貶めたことである。そうなると、琉球固有の歴史と文化は所詮日本の版図内の事象にすぎないとの観念が拡がり、定着することになる。山下重民《やましたしげたみ》（一八五七－一九四二）の「沖縄は古来我が版図たり」（『風俗画報』一八九六年）がその代表例で、幣原坦《しではらたいら》（一八七〇－一九五三）の琉球史、田島利三郎《たじまりさぶろう》（一八六九－一九三一）の琉球古謡『おもろさうし』、加藤三吾《かとうさんご》（一八六五－一九三九）の琉球民俗や琉球文学の研究などがあとに続いた。彼らはいずれも当時はまれにみる「琉球理解者」、もしくは最も「琉球に寄り添」った人間との評判であったが、その隠れた姿は明治国家の琉球支配を正当化する教育・学術面における尖兵にほかならなかった。

それゆえに三つ目の特徴は、琉球人の自己認識を琉球人→「日本人」へと徐々に変えていったことになる。公教育においては、たとえ琉球人であっても、その祖先は日本人と同じ祖先であるとの理屈が徹底的に教え込まれていった。そして、琉球文化の要《かなめ》に位置する琉球諸語は、日本語と同格の姉妹語だったものが、いつしか日本語から生まれ出た一地方の「方言」に格下げされた。これは日本を祖とする、人力ではどうすることもできない運命的親子関係の強調であって、この「日毒」がいわゆる「日琉同祖論」である（ちなみに「日毒」とは、琉球の主体性を殺傷し、悪影響を与える日本の毒素という意味で、『日毒――八重洋一郎詩集』〔コールサック社、二〇一七年〕から広く流布した用語）。こうした明治教育の主軸は、学校だけでなく社会生活のあらゆる機会において、琉球人に自分は琉球人なのか、それとも日本人なのかという自己認識の動揺と懐疑を生ぜしめ、徐々に日本人化の道へと誘導していく。その後長く、今日にまで桎梏として続くことになったものである。

以上、こうしたヤマト政府の沖縄統治をひっくるめて、日本人への「同化」政策という。しかしここで断っておきたいが、こうした改造は上からの強圧だけではとても安定的な効果は得られない。これと併せて、琉球側からの自主的な受容ないしは納得した勢力が輩出してこそ、琉球統治が成功するのである。その点、明治政府（日本人と言い換えてもよい）は、沖縄・琉球のなかにヤマト同調に向かう論理を据えつけることに、政治や経済的な方策だけでなしに、学術と文化の総力をあげて利用したといっても過言ではない。平俗に言えば、敵を知らずして戦《いくさ》はできず、異邦人の人心を収攬《らん》することが何よりも肝心との、先を見通した戦略がはっきりしていた。それに引きかえわが琉球の人間の、呑気というか、ウブというのか、屈辱を味わった民族として、その歴史体験を血肉化した人間のあまりに少ないのはどうしたことか。わけても日本人観の驚くべき甘さが、新たな歴史状況を創り出せない要因ともなっている。これは明治や戦前の話でなく、きわめて現在的な琉球人の弱点でもある。

琉球村落と天皇制

琉球と日本のあいだに深く割れた歴史と文化の断絶は、冒頭で述べた地理上の遠隔性が、すべての存在形態に決定的な影響を与えている。海洋性・島嶼性・南方性による気候・風土は、中国と日本《ヤマト》からは近くも遠くもない距離にあって、そこに生を構える人間集団に固有の色彩をもたらし、中国・日本とは別個の独自文化を産み出す。

琉球では村落のことを普通に「シマ」と呼んでいる。古くは「マキョ」の名称もあるが、古い時代から人びとの生活場所となってきた最も基本的な同族的共同体である。当然にその墓地や拝所は、その始源を辿っていけば村落の成り立ちにつながり、それはそこに住む人びとの神観念に結びつく。シマ社会の特徴は、他シマからの介入を許さない閉鎖性と自律性を保持するもので、それゆえに容積の小さい多島は、シマ固有の言葉（シマくとぅば）や伝承をもち、構成員相互がその死生観に基づく血族的絆を確認し合う世界でもある。シマの中心をなす場所が御嶽で、有力者の一族が死んだあと、その遺体が葬られた場所であり、つまり葬所・墓地が年月を重ねることで古い祖先を祀る拝所となった。大抵の村落には、通常いくつかの御嶽があって、そのことはその村落がいくつかの小さな村落が合併したことを意味する。御嶽を背後にして、より大きな集落が普通は南向きの斜面に建ち並ぶことになるが、一番上手の方に宗家があり、その少し下位に分家が、というふうに末広がりの家屋配置の村落構造が成り立つ。村落の形成にまつわる遺骨が風葬されている御嶽のほとんどは、村落民が軽々に足を踏み入れない遠距離の、畏怖の念を醸し出す嶮岨な崖や洞穴、古木の生い茂った森閑とした場所にある。文字通り遺骨が神の御神体であり、「祖先神を拝しているのが、沖縄の宗教の本質」であると、琉球村落と御嶽研究の第一人者、仲松弥秀（一九〇八－二〇〇六）は『古層の村――沖縄民俗文化論』（沖縄タイムス社、一九七七年）で明確に言い切っている。それと同様に、各家々、一門（琉球では門中という）の墓地も昔は人里から離れた自然岩や古木の近くにあって、そこに風葬として安置されて、数年後に洗骨される。それらの場所は恐らく琉球以外の外来者からすれば、あたかも誰の所有でもないような荒地に見えるだろうし、遺骨も打ち捨てられたものと思うかもしれない。

　以上のことからわかるように、琉球の島嶼村落はその形成において、日本の天皇や公家、それを祀る神社とは何のかかわりもない。琉球王・舜天《しゅんてん》の父親は源為朝であるとの伝承は、まったくの荒唐無稽で作り話にすぎない。琉球国併合による第一次沖縄県の発足にあたって、日本《ヤマト》政府が「琉球」の異族性を他の何物にもまして打ち消し、天皇制の導入とその連結に精力を傾けたのは、これがためであった。沖縄の近代に言及するとき、判で捺したように「同化」や「皇民化」が出てくるが、それは取りもなおさず日本人とは異なった歴史と文化をもつ外的人間集団を示す証拠であり、天皇は取ってかぶせた帽子のようなものと言ってよい。逆にいうと、アイヌや在日朝鮮人といったマイノリティ集団を除けば、そのほとんどの日本人は同化も皇民化もする必要のない、「一木一草に天皇制がある」(竹内好「権力と芸術」『講座現代芸術』第5巻、勁草書房、一九五八年)国の、まったき皇民であることを意味している。

琉球の基層文化と日本の差別

では、琉球の島嶼における神は、古来どんなものだろうか。大きく整理すると、ひとつは「ニライ・カナイの神」で、これははるか海の彼方にいるとされる幸福根元の神。ふたつ目は各家々に祀られている「火の神《かん》」で、台所にある火食の神。みっつ目が「水の神」、これは村落の人びとが琉球諸語で「カー」(井泉)、「イジュン」(湧泉)と呼ぶ生活用水に宿る神である。そしてよっつ目が「祖霊神」。この神は村落民の出自にかかわる祖先で、その後ずっと連綿と続いてきた祖先全体の神であり、村落民とは血のつながりを持つ、より具体的な父母の神といってよいものである。それゆえに、琉球の村落民、シマの人びとは祖霊神を自分たち子孫を産み育て、すべてを包み込んで豊作と安寧をもたらす守護神だと信じてきた。そしてその神を祀る行事はあの世の祖先とこの世の子孫をつなぐ紐帯そのものとみなされ、いまふうにいえば、シマのアイデンティティの根幹をなす。その意味で、海の彼方の楽土におわすというニライ・カナイ神もそうだが、火と水の神も自然神的存在であるのに対して、祖霊神はきわめて現世的かつ肉親的な存在形態を示している。

この一世紀余にわたる沖縄の近代も、資本主義化の進展によってすべての面で大きな変革をしいられてきた。しかしながら、沖縄の島嶼性、言ってみれば小さな島々が寄り集まっている地域では、墓地は生活場所からは距離があるといっても、広範囲の陸地をもつ日本《ヤマト》とは比較にならないほどに小さい。急速に進行する過疎化による環境変化は、墓の移し替えにしても、沖縄北部から都市化した中南部への移動がせいぜいである。よってそこでは人間の死は、現在もなお、基本的には琉球国が「第一次沖縄県」となる以前の骨神信仰とほとんど変わらないまま、人びとの意識の底に織り込まれている。

これらの神（墓）と人間の相互関係は、すべてが文書その他で記録されて、子々孫々に伝えられるのではない。家族のなかで祖父母から父母へ、そして父母から子へと口伝えで、あるいは日常さまざまな行事や行為によって、実見・実感し伝承されていくのである。きわめて私的で親族的な所作であり、他域の人間に公開・展示すべきものではない。それゆえに、他シマからの人間など外来者からはもっとも見えにくいものとなる。一番大事なものは外見には見えず、視覚の網膜にも映らないとの会話がフランスの作家、サン＝テグジュペリの『星の王子さま』に描かれているが、まさにそれと相通ずるといってよい。

かように日本社会の表面で約一世紀余のあいだ、琉球と日本は体質と言語からして同系統または同一のようらしいと、一応共通理解ができあがりはしたものの、いざ琉球の島々で日本人が実際に接してみると、その外国語然たる言葉と南洋風の容貌や習慣によって、日本人と同一であるとの通念を一気に吹き飛ばされる。琉球に渡来した者たちが書き残した記録をよむと、頭の知識と皮膚感覚がみごとに分裂しているのがよくわかる。それは高等教育のあるなし、人格の高潔さ云々と関係はしなかったし、逆に、なまじ教育があるぶん、日本の学問とその制度は国家の権力と容易く癒着する。警察や軍隊の威嚇以上に、琉球人の自己認識と人間改造に威力を発揮したのは、「日本」教育という名の植民地主義であった。

さすれば、人種と民族を肉体（形質）の面から実証的に調査・分類しようとする坪井正五郎（一八六三－一九一三）や鳥居《とりい》龍蔵《りゅうぞう》（一八七〇－一九五三）、金関丈夫（一八九七－一九八三）が登場するのは時間の問題であったはず。そして彼らの研究は「帝国」大学の権威を背にして、琉球の骨神の源となる遺骨を略奪し、尊厳の最深部に侵入し侮辱した。その後歴史は沖縄戦での虐殺や天皇による琉球の米軍統治への投棄メッセージなど、おぞましい差別をあらわにしていく。それが一過性の例外でなかったことは、現に京都大学がなしているヤクザにも劣る対応が雄弁に証明していよう。まさに辺野古《へのこ》の新基地建設の強要と同根、何ら怪しむに足りないのである。

コラム

琉球人の悔しさを心に留めながら

琉球人遺骨返還請求訴訟を支える会／関東　與《よ》儀《ぎ》睦《むつ》美《み》

私はなぜここにいるのだろう

首里に行くといつも懐かしく、気持ちが落ち着く。自分の魂は本来ここに居るべきなんだ、という気持ちが湧いてくる。私は琉球人二世として、日本の東京に住んでいる。父親一家が、一九四四年に那覇を襲った一〇・一〇空襲の後に、身の危険を感じて東京に渡ったからだ。しかしそこで東京大空襲に遭い、父たちきょうだいは戦災孤児となった。私の父は、戦争難民で戦災孤児だった。父の古里・首里は焦土と化し、同級生の半数が「鉄血勤皇隊」（学徒隊・少年兵）として命を落とした。

小学校にやっと上がったころから、私は家の中で「沖縄を返せ」を口ずさんでいた。

――堅き土を破りて　民族の怒りに燃ゆる島

好きな歌だった。でも、「民族」とは、琉球民族かヤマト民族か、ずっと疑問に思っていた。作詞したのが日本人だと知り、ヤマト民族なんだと分かると、違和感が湧いてきた。

「我らがものだ、沖縄は」とは何だ？

辺野古新基地建設の裏で

昨年（二〇一九年）二月二四日に、辺野古新基地建設の是非を問う県民投票が実施され、投票の七割以上がはっきりと「新基地建設ＮＯ！」を示した。それにもかかわらず、美しい辺野古・大浦湾を埋め立てて、人殺しのための軍事基地を造る工事が止まらない。当時、県民投票の結果を見て岩屋防衛相は「沖縄には沖縄の民主主義があるが、日本には日本の民主主義がある」と言ったのを、私は忘れない。彼は、大臣でありながら「私は沖縄を差別する」と言ったのと同じだ。高江のヘリパッド建設の過程では、機動隊員が琉球人作家に対して「土人」と言ったことも、決して忘れられない。

その裏で、自衛隊の琉球列島でのすさまじい拡張が、奄美、与那国、石垣、宮古で推し進められている。「専守防衛」をかなぐり捨てたミサイル基地を建設し、琉球を軍事要塞化、ヤマトの防波堤にしようとしている。これは、日本による琉球への軍事侵略ではないか？　そもそも、米軍基地と自衛隊基地を合わせた軍事基地が、小さな琉球・沖縄にこんなにも集中していることそのものが、国による差別政策に他ならない。

今も続く琉球への植民地支配

先日、琉球民族遺骨返還請求訴訟の第五回口頭弁論の傍聴のため、「琉球人遺骨返還請求訴訟を支える会／関東」の仲間たちとともに京都地裁に行ってきた。この裁判は、琉球王族のお墓から盗んだご遺骨を、遺族らが京都大学に対して、「元に戻してください」と言っているだけである。盗んだものは返すべきだ。にもかかわらず、なぜ、京都大学は未だにご遺骨を返さないのか。日本の皇族の古墳から骨を盗んで、大学が頭蓋骨だけプラスチックの箱に入れたままにする、なんてことはあり得ない。京大は、ウチナーンチュ（琉球人）を、同じ人間として思っていないのではないか？

一八七九年、国際的に認知された独立国だった琉球国に対して、五六〇人余の軍隊と警察隊を投入し首里城を取り囲み、軍事占領した。それから、沖縄県行政の幹部を日本人で占め、言葉を奪い、宗教と習慣と文化を否定し、ヤマト化し、皇民化し、経済収奪し……というように、琉球国を植民地支配していった。その行き着いた先は、「本土」を守るための「捨て石作戦」であり、沖縄の住民の三分の一から四分の一が無残に殺された、沖縄戦というジェノサイド＝民族抹殺だった。

現在まで続く沖縄差別の根っこには、日本による琉球に対する植民地支配があることは明白だ。そして、今再びの「沖縄戦」が迫っているような気がしてならない。

「支える会／関東」の立ち上げ

二〇一九年九月、私たち関東在住のウチナーンチュが中心となり、辺野古新基地建設を阻止しようと共に闘っている仲間とともに、「琉球人遺骨返還請求訴訟を支える会／関東」を立ち上げた。琉球人としての悔しさとともに、日本（ヤマト）で暮らす者としての、琉球・沖縄への日本の仕打ちに対する責任感に近い思いが、私をこの活動へとつき動かしている。首都圏ではまだあまり知られていない本裁判について理解を広め、物心両面から裁判を支える活動を展開していきたい。

琉球併合と遺骨問題との関係

琉球大学名誉教授　波《なみ》平《ひら》恒《つね》男《お》

人類学者の金関丈夫が、沖縄県今帰仁村の百按司墓から多量の遺骨を持ち去ったのが一九二九（昭和四）年のことである。百按司墓は十六世紀以前に遡るとされる古い墳墓であるが、現在でも先祖を祀る墓として参拝する門中があるだけでなく、沖縄各地の門中単位で行われる「今帰仁上り」の巡拝地の一つともなっている。

係争中の集団訴訟で原告らは、金関による遺骨の持ち出しが当時の沖縄が置かれていた植民地的状況下での「違法な盗掘」だったとして、現在その一部を保管している被告・京都大学に当該遺骨の返還を請求している。それに対して、京都大学は、金関によるそれらの「採集」がしかるべき「手続を経た」ものだったとの認識に立っているようである。

そしてもう一つの重要な対立点が、原告側に遺骨返還請求のどのような法的根拠があるかという問題である。この法的問題は、金関が持ち出した遺骨の一部を承継・保管している京都大学の占有権限が、金関の行為から約九〇年後の今現在という時点で争われていることとも関連する。すなわち、冷戦後になって国際連合の活動が再活性化するなかで、脱植民地化に関わる国際法の進化という動向がみられ、先住民族の権利保障を規定した各種の国際人権法が制定され、宣言されてきた。原告らはこうした近年の世界的動向を踏まえた上で、本件では日本国憲法だけでなく、これらの国際法が適用されてしかるべきだと主張するが、被告はその法的効力を否認している。

この裁判では以上のように、法的問題と歴史問題が密接に関連し合っている。憲法や国際法の解釈だけでなく、事実（史実）の適正な認識、極めて長いスパンでの公平な歴史認識が求められている。そこで以下では、琉球併合を中心にした琉球・沖縄史の脈絡のなかに今回の遺骨問題を位置づけて考えてみたい。

琉球王国と非武の伝統

筆者は、先年発表した『近代東アジア史のなかの琉球併合』（岩波書店、二〇一四年）において、近代日本による琉球王国の併合という出来事を東アジア近代の大きな変動のなかに位置づけながら考察した。この出来事を指す用語として、従来は明治政府が命名した「琉球処分」が用いられることが多かったが、拙著では、琉球という国家が廃滅され日本の一部にされたという本質的事態を言い表すには、「琉球併合」がより相応しいことを論じた。

この小論では、併合以前の琉球王国の歴史や、併合後の沖縄近代史を詳論することはできない。関心のある方には拙著を参照して頂くとして、以下では、遺骨問題と関りがありそうな事柄を中心に、琉球・沖縄の歴史や文化について述べたいと思う。

琉球列島では十二、十三世紀頃から、日本本土とは別個に、独自の国家形成史が展開していた。列島の中心をなす沖縄島では、各地に数多くのグスク（小さな城塞）が形成され、それらを拠点に按司と呼ばれる有力者たちが割拠していたが、しだいに北山、中山、南山という三つの勢力に統合されていった。その三山分立の時代が一世紀ほど続いた後、一四二九年に中山勢力によって統一王権体制が確立され、ここに琉球王国が成立した（第一尚氏王統）。最初の中山系王統は七代六三年間と短命で、一四六九年に王統の交替が起きたが、後継の王統も尚の氏を引き継いだので、第一尚氏王統、第二尚氏王統の区別がなされている。

本件で問題となっている百按司墓には、この三山分立時代における北山地域の「按司」や第一尚氏時代の「北山監守」等の有力者やその一族の骨が納められていると、後に琉球王府によって編纂された歴史書では記録されている。

琉球は、三山時代から中国と密接な関係があった。中山王が初めて朝貢使節を送ったのが一三七二年のことで、南山、北山もそれに続いて入貢し、三山ともに盛んに朝貢貿易を行った。また、一四〇四年には明朝皇帝の冊封使一行がはるばる来琉し、中山王武寧の冊封儀式が行われた。以来、明清の交代を挟んで、琉球と中国との関係は、琉球併合に至るまで約五〇〇年にもわたって続いた。

琉球王国が最盛期を迎えたとされるのが、尚真王《しょうしんおう》（在位一四七七～一五二七年）の治世であった。尚真王は半世紀にもわたり王位にあったが、この時代に琉球王国は北の奄美や南の八重山《やえやま》地方までを服属させ、文字通り琉球全域を版図とした。また、明朝中国との朝貢貿易を中心に、北は日本や朝鮮、南は東南アジア各地にまで進出し、これらの諸地域と平和裏に海上交易を展開した。さらには、王府の統治機構を整備し、まだ各地に割拠していた按司《あじ》等の有力者を王都首里に集住させ、王府機構に仕えさせる政策を進めた。これらによって、琉球は「非武の島」としての政治的、文化的な特徴を強めていったと考えられている。

しかし、武力に乏しい琉球王国は、外部からの侵略に対しては脆弱だった。王国は一六〇九年、薩摩島津氏による侵攻を受け、敗北を喫する。戦国時代を生き抜いてきた九州南部の有力大名による侵攻を前に、武を尊ぶ気風のなかった小国の琉球は、ほとんど抗戦すべき術を持たなかった。それ以来、近世期の全体を通じて、琉球王国は島津氏による一定の政治的統制の下に置かれ、また相当に重い経済的搾取を被ることになった。

琉球は、このように薩摩侵攻以前の「古琉球」時代のような独立性や自主性を損なわれながらも、近世期（江戸時代）を通じて独自の王国として存立しつづけ、明・清の中華帝国との冊封・朝貢関係も維持された。その琉球と清朝中国との伝統的関係を強引に断ち切り、最終的に沖縄県として日本帝国の支配下に組み込んだのが、一八七九年の琉球併合であった。

日本による琉球併合

琉球併合は、近代日本が天皇を頂点に戴く国家体制（天皇制）の下で、「富国強兵」と「対外膨張」の道を歩んだことと密接に関連していた。

江戸時代というと「鎖国」を思い浮かべる向きが多いようだが、実際には、対馬、薩摩、長崎、松前という四つの窓口を通じて国外に開かれていた。徳川日本の対外秩序観では、そのうち対馬を通じた朝鮮、薩摩を通じた琉球（→中国）との交流は一種の国交関係と見なされ、そのため朝鮮と琉球の二国は「通信」（信《よしみ》を通わす）の国と呼ばれた。また、長崎へはオランダと中国の民間商船が出入りして交易を行っていたが、この二国はより一段階低い「通商」の国と位置づけられた。

周知のように、明治維新によって徳川政権は倒れ、天皇を中心とした明治政府が成立する。この政権交替に伴い、徳川日本によって通信国、すなわち国交のある異国（＝外国）と位置づけられてきた朝鮮、琉球との関係再編が問題となった。

朝鮮との国交修復は維新の当初から試みられたが、王政復古を伝えようした日本側の文書の文字や形式が慣例に反するとして問題化し（書契問題）、数年の交渉停滞が続いた後、一八七三（明治六）年に「征韓論政変」が起こった。明治維新により「王政復古」が実現したからには、日本は古代における如く朝鮮を「藩属」（服属）させねばならないというのが、当時の「征韓」論の思想であった。

他方、琉球との関係再編が問題化するのは、一八七二（明治五）年のことであった。前年の全国的な廃藩置県後、七二年の五月以降に政府中枢で琉球の処遇について検討がなされ、結局、当時の外務卿副島種臣《そえじまたねおみ》の主導の下に、同年九月一四日、明治天皇による尚泰王《しょうたいおう》の「琉球藩王」への「冊封」が行われた。すなわち、維新慶賀のために上京した琉球国王の使節に対し、「陞《のぼ》シテ藩王ト為シ、叙シテ華族ニ列ス」との詔勅が宣読され、同使節に授けられるという「冊封《さくほう》」儀式が行われた。これによって明治政府は、明治天皇と尚泰王との間に君臣関係が設定され、琉球が皇国日本に「藩属」することとなったと見なしたのである。

この「藩王冊封」以降、明治政府は琉球王国を「琉球藩」と呼称した。また、一八七九年の琉球併合を指して「廃藩置県」と称した。そのため、従来の歴史書では、上記の七二年の出来事を指して「琉球藩設置」と表記してきたが、実際に行われたのは「冊封」、すなわち天皇が中華皇帝と同じように琉球国王と君臣関係を結ぶという行為であった。

だが、中華帝国が藩属国の内政や外交には干与しない立場を取ってきたのに対して、近代になってその模倣行為を行った日本帝国の場合は、そうではなかった。たしかに、当初の二年余ほどは、明治政府と琉球王府との関係は比較的穏やかだった。外務卿の副島種臣も、琉球の「国体政体永久不相替《あぃかゎらず》」「清国交通向モ矢張是迄ノ通」との約束を行っていた。しかし、征韓論政変と台湾出兵の後、一八七五年になると、明治政府は琉球の内政改革の要求や、中国との伝統的関係を停止せよという無理難題を押し付けてきた。

そして結局は、中国との関係停止の命令をはじめ、明治政府の諸要求に琉球王府が従わなかったことを理由として、ついに「廃藩置県」の「処分」に及んだのである。この琉球王府の要求拒否を「処分」理由とした一八七九年の併合は、約六〇〇名の軍隊・警察による威嚇を背景に、琉球の官民のいわば「総意」を無視して強制的に断行された。

この併合に前後して、琉球の官民は、琉球館のあった福州に密航して清国に救国・復国の支援を請願し、また血判盟約書を交わすなどして、抵抗を続けた。清国政府もこの一方的併合に強く抗議した。だが、明治政府はその抗議を黙殺し続け、琉球の処分は日本の内政問題に属するとの立場を押し通した。琉球問題はその後も長く日清間の懸案事項であり続けたが、しだいに日本の領有が既成事実化していった。

置県後の植民地的状況

琉球の亡国の後には、沖縄県の「植民地」的状況が到来した。王府機構は解体され、日本政府による沖縄県統治が始まるとともに、県令（のちに県知事）をはじめ県庁役人などの政治的支配層は、他府県出身者（内地人）に替わった。

置県後、日本本土（内地）からは官吏や警察官などだけでなく、教師や各分野の商人などもやってきた。そして警察や教育界などの要職も、経済界の実権も、県当局の庇護の下に本土出身者によって占められた。近代沖縄の言論人として有名な太《おお》田《た》朝《ちょう》敷《ふ》は、このように沖縄の各界の実権が外来者に握られた状況を、政治権力だけでなく「社会的勢力」をも喪失した「食客」の境遇と呼び、

「かかる地方は恐らく植民地の外にはあるまい」（太田朝敷『沖縄県政五十年』）と慨嘆した。太田のこの比喩は、沖縄人が自分の郷土にありながら、その地の主人ではないという「植民地」的状況を表現したものであった。

しかし、その反面で、政府・県当局は県政の基本方針として従来の「旧慣諸制度」を存続させる政策を採用し、同化・皇民化のための日本式の学校教育の導入を除けば、本土で実施された諸改革の多くを沖縄では実施しなかった。村の成員間での農地の定期的割り替え（地割《じわり》制度）や地方《ぢかた》役人の存置、租税の現物納などが旧慣の柱であった。この政策は、日清戦争を経た二十世紀初頭頃まで続いた。

日清戦争後、日本政府の沖縄政策も旧慣存続策から「内地」との制度的一体化の方向へと転換した。とはいえ、地方制度・自治制度の転換は緩やかに行われ、国政選挙の完全実施はさらに遅れるなど、政治や自治行政の面での「制度的差別」の解消は極めて緩慢に行われた。その点で、近代の沖縄は北海道と似ており、日本に包摂されながらも本土並みの権利は認められない「異法域」であった。そのため両者は、台湾や朝鮮などと区別して「内国植民地」と呼ばれることもある。だが、アイヌ民族は別にして、北海道民の大部分は本州からの移住者（和人）であった。それに対して、琉球・沖縄人は、旧慣が改革され制度的差別が解消された後も、本来の皇国の民（大和民族）とは見なされず、民族的な差別や偏見が根強く続いた。一九〇三年の学術人類館事件は、そのような差別を象徴する事件として有名である。

近代の沖縄では、砂糖キビの単一作物農業が発達したが、第一次世界大戦後の砂糖価格の暴落以降、慢性的不況に陥り、ついに沖縄戦の破局に至るまで立ち直ることができなかった。それに伴い、海外移民や本土各地への出稼ぎが急増したが、これらの移民先や出稼ぎ先での差別体験は、軍隊内での虐めの体験とともに、沖縄人が差別から脱却するため自ら「同化」を志向するという動機付けの作用をはたした。こうした差別と同化のスパイラルという沖縄近代の不幸な総決算が、沖縄戦でのスパイ嫌疑による住民虐殺や集団自決などの悲劇だったといえよう。

むすびに代えて

琉球・沖縄の葬制は、恐らくは珊瑚礁が隆起してできた島嶼という条件とも関連して、昔から「埋葬」ではなく、「風葬（地上葬）」が習わしであった。墓の形状も、百按司墓のような崖中腹の洞穴を利用した墓から、村はずれの崖下や平地に作られる破風墓や亀甲墓に発展していった。その利用形態も、村墓、模合墓、門中墓、そして近年の家族墓などと変遷してきた。

また、日本本土で一般的な石塔墓のように遺骨（故人）の個別性には拘ることなく、「門中」全体で一つの墓（門中墓）が共用されているように、亀甲墓のような大きな墓を数十世帯で利用し、共同で先祖を祭祀することがごく普通になされてきた。今でも、門中墓の内部にはンチュチャ（池）と呼ばれる合葬空間があり、多量の遺骨が納められている場合が多い。

金関は、このような合葬された多量の遺骨を「散乱した」人骨と見なし、それらを「採集」して持ち去った。しかし百按司墓は、昭和初期の時点でも「墳墓」であったし、現在でもそうである。そこから遺骨を持ち去るのは、現在は無論、植民地的状況下の当時でさえ刑法上の犯罪に該当した。こうした犯罪行為や犯罪性の実質的な継承状態を清算するには、遺骨を沖縄に戻して元の百按司墓に再安置し、その関係する門中や「今帰仁上り」で巡拝に訪れる沖縄の人々が本来的な形で祈りを捧げることができる状態を回復する以外にはないであろう。

コラム

琉球民族遺骨返還訴訟への想い

琉球人遺骨返還訴訟を支える会／琉球・沖縄会員　呉屋《ごや》初子《はっこ》

初めて百按司墓を訪れたのは二〇一八年九月、琉球民族遺骨返還請求訴訟弁護団の現地調査に組まれた「百按司墓参り」に「命どう宝！　琉球の自己決定権の会」会員も同行させていただいた時だった。

今帰仁村字運天には古墓群があり、その一角北側に広がる崖の中腹に百按司墓がある。同行した会員の話によると、点在する古墓群は、今帰仁上り《なきじんぬぶぃ》の拝所の一つであり、数年ごとに大勢の門中と共に訪れているとのことである。それは、門中ごとに行われ、祖先を供養し、拝みをする大事な祭祀行事とのこと。五穀豊穣と一族の健康と平穏を願い、先祖の精霊に感謝すると共に祖霊につながろうとする信仰を表す祭祀行事である。

百按司墓は現在も多くの人々の信仰の対象であること、九〇年前も現に人々が拝みをしていた同墓から旧京都帝国大学の学者により遺骨が持ち去られたことを思うと、やまとう（日本）支配下の脅威とあらためてそれに対する強い憤りを覚えた。

私たちは、会員が準備してくれた花、泡盛、水、平御香《ひらうこー》（仏前に供える沖縄の黒線香。黒御香《くるうこー》ともいう。長さ一五センチ、幅一・六センチ、縦に五条のみぞを引き、六つのひだを作ったもの）、うちかび（紙銭

ニライカナイのお金、うちかびを燃やす儀礼

のこと。約三〇センチ×四〇センチ、一般に死後の世界のお金と信じられ、銭型がつけられている。それを焼いて祖先供養をする習慣がある）を手向け、焼香した。「必ずや持ち去られた御遺骨を取戻し、ご一緒に安置できますように。琉球人の尊厳を取り戻すために頑張ります」

琉球民族遺骨返還請求訴訟団の団長松島氏は幾度となく、「琉球人は自らが生きている間、植民地支配されるだけでなく、死してニライカナイ（琉球人のあの世）に行っても日本による植民地支配を受けると言える、なぜなら琉球人による遺骨保有、祖先供養を京大が拒否できる体制下で琉球人は生きることを強いられているからである」と、述べられている。琉球・沖縄が日本であるかぎり、我々は解放されないのではないか、やはりと、思いは募るばかりであるが、本訴訟は世界中の先住民族の闘いと強く繋がっていることも解ってきたことは心強く、具体的な自己決定権を勝ち取る闘いとして展開していくことを誓った百按司墓参りであった。

IV

なぜ再風葬を求めるのか
民族の自己決定権

入廷式。京都地裁に提訴。丹羽弁護団長（左）と原告５人（2018年12月４日）

琉球・沖縄人のアイデンティティと自己決定権の確立へ!!

——百按司墓と「遺骨保管場所」京大総合博物館の現地調査を

琉球人遺骨返還を求める奈良県会議共同代表　奈良—沖縄連帯委員会代表　崎《さき》浜《はま》盛《せい》喜《き》

チムフトゥフトゥースッサー　ニジティニジラン（腸が煮えくり返る　決して許さない）

琉球・沖縄人のご先祖の墓が暴かれ、ご遺骨が強奪された。「遺骨返還裁判」では、原告の亀谷正子さんが琉球衣装に身を固めて「琉球民族は歴史も文化も言葉も日本民族とは異なります。琉球・沖縄の人々は日常的に先祖の霊と密に交流していて、それには遺骨・骨神の存在が重要で、不可欠です」「一日も早く故郷にお戻りいただき、長き不在をお慰めしたいと思います」と述べた。

玉城毅さんは、「金関丈夫による遺骨の盗掘は、安心して先祖を供養するという私たちの生活を打ち砕き、大きな苦しみを与えています。本来ならしなくてもいい提訴という大きな苦労をしてまで、遺骨を取り戻さなくてはならなくなりました。遺骨の返還は、琉球人の尊厳、誇りを取り戻すことでもあります」と陳述した。

二人とも気負うことなく、静かに、淡々と思いの丈を紡いでいった。まるでご先祖様の骨神の霊《マブ》魂《イ》が二人と一緒に悲憤に満ちた心情を語っているようで、涙が溢れた。

琉球・沖縄の同胞の皆さん。原告の皆さんの思いを是非とも共有していただきたい。

何故「琉球・沖縄人」と名乗ることを躊躇するのか!?

原告の亀谷さん、玉城さんは、日本の裁判所で堂々と自ら琉球・沖縄人と述べた。

至極明解なことだが、差別される人がいるから差別があるのではない。差別する者が存在するから差別される人間が造られるのである。

ほんの近い昔、豚足《アシティビチ》は日本人《ヤマトゥンチュ》から野蛮《ゲテモノ》な食物と嫌われ、それを美食とする琉球・沖縄人は「豚児」「野蛮人」等々と蔑視され、差別されてきた。現在では、アシティビチはコラーゲンが豊富で、美容にも健康にもよい、ともてはやされて愛され、その「名誉」を回復し、今や食堂や居酒屋などで堂々と立居振舞っている。その顔《チラガー》も那覇の公設市場でニコッと笑って観光客を迎えている。これはアシティビチ（琉球の食文化）に対する偏見・蔑視が過ちであると認識されたからであり、決してアシティビチが皆に好かれようと努力をしたからではない。昔も今もアシティビチは何ら変わることなく人々の健康と生命の「命薬《ヌチグスイ》」となっている。

アシティビチが豚足としての名誉をとりもどしたのに、どうして我々は堂々と「琉球・沖縄人」と名乗れないのだろうか。

　残念ながら「沖縄出身者」の同胞たちには、自らを「ウチナーンチュ」と呼ぶことには賛同するが、「琉球・沖縄人（民族）」と名乗ることには抵抗を感じる人が多いと思う。「また昔みたいに『リキジン』と言われて差別される」「いまさら何を言うのか」「同じ日本人ではないか」等々。このような同胞たちの「差別認識」については、露骨で厳しかった差別の歴史を振り返ると、簡単に否定することはできないが、今一度琉球・沖縄に対する差別と真剣に向き合う必要があるのではないだろうか。

　我々琉球・沖縄人は劣等だから、下等だから差別されたのではない。

日本政府と日本人《ヤマトウンチュ》は琉球、朝鮮そしてアジア諸国の民衆を支配・搾取するために、侵略の口実として琉球・沖縄人、アイヌ、朝鮮人等々は劣等民族だからアジア・世界で最も優秀な日本民族に同化・一体化することが幸福への道である、と長きにわたって差別と同化を強制してきたのだ。一八七九年の「琉球併合」以来我々は言語を奪われ、文化を侮辱され、人間としての誇りと権利を蹂躙され、歴史を抹殺され、差別と同化、抑圧と搾取支配の下、長きにわたって犠牲を強いられてきたのだ。

　この犠牲と搾取・抑圧の根源こそが差別であり、植民地主義に他ならない。

差別する日本の国家・政府と社会、これを容認する人々が悪なのだ。

それは現在もなお継続されている。絶対に許してはならない。

琉球・沖縄人のアイデンティティと自己決定権の確立を

この琉球遺骨返還裁判で問われているのは遺骨を強奪した京都大学であり、その頭目で現在もなお植民地支配を琉球・沖縄に強制している日本政府である。否、それ以上にこの裁判で問われているのは、我々琉球・沖縄人の一人ひとりの有様、生き方ではないだろうか。

「(沖縄の心は)ヤマトゥンチュになりたくて、なり切れない心」(西銘順治元県知事)「ウチナーンチュときどき日本人」(照屋寛徳衆議院議員)等々に象徴される沖縄の保革の政治家の揺れ動く琉球・沖縄人像。「沖縄県民」「沖縄人」「ウチナーンチュ」「琉球人」「琉球・沖縄民族」……我々の名前はまだ決まらず、揺れ動いている。

我々のアイデンティティがこの裁判で問われている。

琉球・沖縄の信仰と精神文化を歴史的に検証し、「琉球アイデンティティ」と「琉球人とは何か」を明確化させること。同時に国際的に認められている先住民族としての自己決定権を確立していくこと。これこそが琉球・沖縄の過去・現在・未来に関わる重要な「歴史的裁判」と言われる所以なのだ。

同時に我々は、暗い部屋で冷たいプラスチックの箱に九〇年余りにわたって幽閉されてきたご先祖を取り戻し、今帰仁村の百按司墓に帰っていただき、琉球・沖縄の未来を見守っていただかねばならない。

「奈良県会議」結成の時に「(日本政府の植民地主義を支えている)ヤマトゥの側の、無知、無関心、無責任な態度であり、私たち自身の問題である」との基本的認識を確認し合い、「日本政府と日本人の植民地主義の清算」を訴えた。したがって「無意識の植民地主義」を重要な課題と考えているが、それ以上に我々琉球・沖縄人にとって最も深刻で重要な課題は「無意識の同化主義」ではないだろうか。それは「学術人類館事件」「方言論争」「沖縄戦」「祖国復帰運動」等々の歴史が証明しているのではないか。何時まで日本政府や日本人《ヤマトゥンチュ》に期待し、頼り、お願いすれば気が済むのだ。日本国家と日本人に対する一切の幻想を捨てなければならない。「連帯を求めて独立を恐れず」の心境である。

我々は、琉球遺骨返還請求訴訟と辺野古新基地建設阻止闘争において琉球・沖縄人かつ人間としての尊厳に覚醒し、自立し、自らと琉球・沖縄を差別と同化、抑圧と搾取そして軍事植民地支配から解放する闘いを充実させ、前進させたいと決意を新たにしている。

全国の琉球・沖縄人同胞の皆さん、とりわけ関西の同胞の皆さんに琉球遺骨返還裁判へのご理解、ご支援、ご参加を熱く、強く呼びかけたい。

百按司墓と京大総合博物館の現地調査を！

本裁判の意義は、原告と弁護団（団長・丹羽雅雄）が主張された通り、人類学者旧京都帝国大学助教授・金関丈夫によって百按司墓から強奪された琉球人の遺骨返還実現を通して琉球・沖縄人の人間としての尊厳を明らかにすることにある。同時に「一八七九年の琉球併合以来現在に至る日本国家・社会の琉球・沖縄に対する植民地支配、植民地主義に対する歴史の清算を問うものであり、琉球民族が先住民族としての民族的、文化的、宗教的アイデンティティを有し、その自己決定権の行使として行われるもの」である。

以上の課題の法律的根拠については、弁護団から日本国憲法第二〇条（信教の自由）及び民法八九七条（遺骨の所有権の帰属）、さらに国際人権法に関しては「自由権規約」（少数民族の宗教と信仰の実践の権利）、一九九七年の人種差別撤廃委員会の勧告、二〇〇七年の「先住民族の権利に関する国際連合宣言」等々の視点が提示され、ほぼ論証されたと確信している。

本裁判の「事件」は単純に言えば「盗掘（墓荒らし）」「遺骨窃盗」事件である。ところが現時点の裁判においては「盗骨」が起こった「百按司墓」、さらには強奪された遺骨＝「盗品」の隠匿現場だと思われる京大総合博物館の各現地調査が行われていない。

このままでは、「審理不十分」で到底「事件の真相」の解明が不十分となることは明々白々である。したがって、本裁判の歴史的重要性と意義、そして「歴史に耐えうる裁判」の実現のためにも、次の事項についての審理――現地調査が行われることを強く要請する。

（1）「百按司墓」――今帰仁村での現地調査を行うこと

「事件」の始まりは今帰仁村の「百按司墓」である。この裁判の最も重要な課題は、我々琉球・沖縄人の信仰―精神文化の有様を歴史的・現在的観点から明らかにすることである。百按司墓が琉球諸島のどこに、どのように、存在しているのか。死者はいかように弔われたのか。日本人（裁判長や京大関係者等）には想像できない「風葬」は、どういうところで、どのように行われているのか。ご遺骨はどのように安置されているのか。金関丈夫はどのようにして墓に侵入し、遺骨をどのように強奪したのか。裁判長、是非とも現地調査を実施し、真相を明らかにしていただきたい。

（2）今、遺骨はどうなっているのか？
――京都大学の「保管場所」＝総合博物館の現地実見調査を行うこと

百按司墓から九〇年余り前に強奪され、京大に隠匿された我々のご先祖の遺骨は今どうなっているのか。いわゆる「プラスチック製の長方体の箱」に保管されているようだが、ご遺族や原告や我々が「ウートートゥ」（お祈り）する事さえ京大は拒否している。他所様の墓を暴き遺骨を強奪することは、昔も今も犯罪だ。その真相を明らかにするためにも、京都大学総合博物館における「保管状態」の現地実見調査は、本裁判にとって不可欠且つ重要である。

①遺骨はどのような場所に、どのような状態で「保管」されているのか。
②遺体は何体あるのか。
③一人ひとりの遺骨が全身・完全な姿でおられるのか。
④その他。

京大は、琉球人のみならず奄美人やアイヌ民族の遺骨も強奪した。これらのご遺骨の保管実態についても解明されなければならない。

（3）被告・京大総長等は法廷に出廷し、遺骨と琉球・沖縄人の声を聴くこと

京都大学による松島泰勝先生等に対する侮辱的、差別的対応が本裁判の発端となった。
京都大学はその理念に「環境に配慮し、人権を尊重した運営を行うとともに、社会的な説明責任に応える」を掲げている。現在の京大の対応はこの理念に対する背信行為どころか人権侵害に終始している。

私は弁護団を通じて裁判長に「被告京都大学関係者が裁判に出廷し、直接、琉球・沖縄人の声を聴き、真摯に反省すべきである」とお願いしたが、いまだに京都大学はただ一人として出廷していない。この重大な歴史的裁判に真摯に向き合おうとせず、「礼儀作法を知らない」「盗人猛々しい」「厚顔無恥」「学知の植民地主義」等々と社会から批判を浴びていることさえ全く自覚がない。学問の府？ 京都大学は法廷に出廷して厳しく指弾、罰せられなければならない。

最後に、原告団・弁護団の奮闘に心から感謝申し上げたい。

グスーヨー　タゲーニ　チバラナヤーサイ　マキテーナイビランドー
ガンジューシミソーリヨー
（皆々様　お互いに頑張りましょう　敗けてはなりません　お元気で）

コラム

アイデンティティの拠り所としての今帰仁

琉球人遺骨返還訴訟を支える会／琉球・沖縄 事務局次長　渡口《とぐち》正三《まさみ》

私の出生地は、沖縄本島から約五〇キロ離れた距離にある渡名喜島《となきじま》という本島周辺離島であります。島民の多くは、琉球王国時代から沖縄本島の首里、那覇から移り住んできました。

先祖からの伝承では、私の門中は王府時代から、今帰仁御廻りを行ってきました。戦後も船で沖縄本島に渡り、首里の豊見城《とみぐすく》御殿《うどぅん》を訪問後、中城村《なかぐすくそん》の護佐丸《ごさまる》のお墓、中城泊大屋《とまりうふやー》、今帰仁村の今泊ヌン殿内《どぅんち》、そして今帰仁城の御嶽等を巡礼しています。現在も門中で今帰仁御廻りを行っています。琉球・沖縄では「元は今帰仁」という言葉があります。多くの琉球・沖縄人は先祖が今帰仁に由来すると考え、自らのアイデンティティの拠り所として認識されています。そして、九〇年前に京都帝国大学の金関丈夫がご遺骨を盗掘した百按司墓・運天の古いお墓群は現在も聖地として巡礼の対象となっています。

二〇一八年一二月、琉球人遺骨返還請求訴訟が京都地方裁判所に提訴されましたが、京都大学はご遺骨の盗掘を認めずご遺骨の返還を拒否しています。このことは琉球・沖縄人のアイデンティティを破壊するものであり、京都大学、日本人類学会が現在でも植民地主義を継続している証でもあります。

私たちは京都大学、日本人類学会の植民地主義を打破するためにも、盗掘されたご遺骨の返還を勝ちとり、ご遺骨を元のお墓に再風葬しなければなりません。

戦後七五年を経過した現在、日本政府は琉球・沖縄人の民意を無視し違法な米軍辺野古新基地建設を強行しています。また、宮古島や石垣島への自衛隊基地の建設を行っています。私たちは沖縄戦や日本復帰等の総括と共にアイデンティティの拠り所であるご遺骨の返還と再風葬を成し遂げる必要があります。

私たちは、平和で豊かな琉球・沖縄を未来の子供たちに引き継ぐ為にも植民地主義を打破しなければなりません。

最後に、今後とも琉球人遺骨返還請求訴訟を支えて下っている多くの市民の皆様のご支援宜しくお願いします。

琉球の自己決定権と遺骨収奪

琉球新報　宮《みや》城《ぎ》隆《たか》尋《ひろ》

民意を無視する政府

「政府は民意に耳を傾ける責任がある」。スペイン北東部のカタルーニャ自治州からベルギーに亡命中のカルラス・プチデモン前州首相が語った。二〇一九年一二月、ベルギーを訪ねて同氏に沖縄とカタルーニャの共通点について取材した際の言葉だ。カタルーニャ自治州は二〇一七年一〇月の住民投票で、スペインからの独立について賛成が九〇・一八％となった。一方で沖縄は二〇一九年二月、米軍普天間飛行場の移設に伴う辺野古沿岸部埋め立ての賛否を問う県民投票で、埋め立て「反対」が七二・一五％を占めた。スペインでも日本でも、中央政府は地元で明確にされた民意を無視している。

かつて独立国だったカタルーニャ自治州はスペイン継承戦争、スペイン内戦で敗北した経緯などから、政治的に弾圧されてきた。カタルーニャ自治憲章を違憲であるとして裁判所に訴えるなど、地方自治に逆行するような近年の中央政府の動きに反発し、自己決定権の回復を求める声が高まっている。

一八七九年の琉球併合（「琉球処分」）で日本によって琉球国が滅ぼされ、沖縄は苛烈な同化政策にさらされたのち一九四五年の沖縄戦で焦土と化した。五一年のサンフランシスコ講和条約では日本から切り離され、米国の施政権が続くことになった。国家として国際社会に復帰した日本とは対照的に、基本的人権も保障されない米国統治が二七年間続いた。一九七二年に施政権が日本に返還されるが、米軍基地は温存され、日米安全保障体制の下で住民の権利が制約を受ける状況は続いた。

過重な米軍基地負担の中で沖縄の住民は米兵に殺害され、米軍機は沖縄に墜落し続けた。政府は二〇一二年にオスプレイの配備を強行した。現在は辺野古新基地建設を進めている。琉球国が日本によって滅ぼされて以降、沖縄戦、サンフランシスコ講和条約締結、施政権返還などの政治的局面で、沖縄住民の意向は無視されてきた。

自己決定権がないがしろにされている点でカタルーニャを含め、沖縄と共通する地域は世界各地にある。プチデモン氏は共通する地域に、独立運動の歴史が長いカナダのケベック州、インドネシアの西パプアなどを挙げた。その上で「互いを知れば助け合うことができる。国家が暴力などの古いやり方で押さえつけるなら、手を取り合って闘わねばならない」と述べた。国家によって自己決定権を侵害されている点で、各地の先住民族とも共通した課題を抱えている。

遺骨の収奪

地元沖縄に暮らす人々の意思とは無関係に行われた行為に、遺骨の収奪もある。

一九二九年、京都帝国大学の助教授だった金関丈夫は沖縄の各地から遺骨を持ち出し、京都へ持ち帰った。さまざまな地域の骨の形状などを比較、分析する、形質人類学の研究の一環として行われた「発掘調査」という位置づけだった。その過程で持ち出された遺骨が、現在も沖縄側に返還されていない。京都大学総合博物館で保管されている琉球人の遺骨は、少なくとも二六体あるとみられている。金関は持ち出した遺骨を旧台北帝国大学（現在の台湾大学）にも持ち込んでおり、台湾大学は六三体を保管していることを明らかにし、沖縄側に返還している。

金関が遺骨を持ち出した経緯は『琉球民俗誌』（一九七八年）に詳しく書き残されている。同書収載の文章「琉球の旅」には、伊波普猷氏ら沖縄の研究者の紹介を受け、県や那覇市の許可を得て収集したことが書かれているが、遺族の意向に関する記述は見当たらない。

同書によると金関氏は一九二九年一月九日に県庁警察部の許可を得て同一一日、今帰仁村運天の百按司墓を訪ねた。名護小学校長の島袋源一郎、仲宗根村駐在所の巡査を同行して「頭蓋十五個、頭蓋破片十数個、軀幹四肢骨多数を得た」。翌一二日は「在郷軍人」を作業員として雇い、巡査と共に同墓を再訪。ビール箱で「十二箱」分の骨を運び出し「採集し尽くした」と書いている。

同墓の人骨の埋葬時期は「弘治以前より万暦の頃、並びに明治以後最近に至るまでの人骨が、共存するものと見なければならない」とある。弘治は中国明代の一四八八～一五〇五年にあたる。

金関は他の場所でも人骨を収集している。沖縄師範学校から人骨（頭蓋骨六個など）の提供を受けた。中城《なかぐすく》城跡近くでは、岩陰で見つけた「道光三、十一月、父比嘉」と墨書きされたかめから「女性骨と小児骨」を収集した。中城城跡の洞窟に散乱していた人骨も「悉《ことごと》く収集して、大風呂敷包数個を得る」とある。京都帝大助教授だった金関は、この琉球調査の後に発表した「琉球人の人類学的研究」で医学博士号を取得した。

人骨はのちに金関の師である清野謙次の『古代人骨の研究に基づく日本人種論』（一九四九年）でも触れられている。同書では沖縄本島から収集された人骨七一例、奄美諸島の二四一例の計三一二例が挙げられている。それらは全て京都大学に寄贈されたとされている。

金関がまとまった量の遺骨を持ち出した場所に、百按司墓がある。今帰仁村運天集落の北側、がけの中腹にある風葬のお墓だ。百按司

大北墓《うーにし》

は多くの按司《あじ》という意味で、按司は琉球王国時代、地域の有力者だった人々のことだ。『中山世譜』（一六九七年）には、百按司墓が貴族の墓だったことが記されている。今帰仁村教育委員会によると、近くにある大北《うーにし》墓を含めて「山北地域の歴代王墓か監守一族の墓所」と考えられている。現在も「今帰仁上り《なきじんぬぶぃ》、今帰仁廻り《なきじんうまーぃ》」の拝所の一つとして、多くの人が信仰の対象としている。

金関の「発掘調査」は、他の多くの研究者が工芸品としての価値に注目した木棺などではなく、文化財ではない遺骨を持ち出した点で、他の研究者と決定的な違いがある。その上、沖縄の人々にとって象徴性を持ち、現在も信仰の対象とされている墓所から遺骨を持ち出し、返還していないことはウチナーンチュにとって大きな意味を持っている。

違法性

遺跡発掘時に人骨が出土した際、現在は文化財保護法によって県などの自治体が対応することが定められている。しかし以前は人骨の埋蔵文化財としての法的な位置付けはなかった。人骨の発掘に関わる法律には戦前、戦後ともに墳墓発掘などを禁じた刑法がある。

アイヌ遺骨を巡っては、北海道庁令で古墳や墳墓以外の場所での発掘を許可する特例が作られたが、結局は墓地の骨まで根こそぎ収奪された。沖縄県や県教育委員会によると、沖縄では同様の特例はなかったとみられる。刑法は「墳墓」の発掘や遺体の損壊を禁じているが、判例では祭祀礼拝の対象となっていない古墳などは「墳墓」から除かれている。

百按司墓は北山王系の墓とも言われ、近代に至るまで風葬墓として一般の人にも利用されていたようだ。研究者らによって外部に持ち出された骨を含めて誰の骨か分かっているものはないが、現在も「今帰仁上り」の目的地の一つで、多くの門中が拝んでいる。

沖縄では近代以降に火葬が定着するまで、古くから風葬が行われていた。崖に約六〇基の古墓が点在する今帰仁村運天をはじめ、自然壕などを利用した風葬墓は現在も県内各地に残る。金関氏の遺骨収集を記した『琉球民俗誌』には遺族の意向に関する記述はなく「無縁の骨」として扱っていた意識がうかがえる。しかし風葬墓であっても、すぐに「無縁」と言うことはできない。

沖縄の墓の所有形態は門中墓や兄弟墓、家族墓などの血縁関係だけでなく、村落共同体で共有する村墓、知り合いで営む模合墓などがある。血縁以外にも誰かの祖先である可能性は広く残されている。金関が遺骨

大北墓付近にある風葬墓

を持ち出した百按司墓は、十六世紀以前の沖縄本島北部地域の有力按司やその一族の墓と考えられているが、墓を持たない地域の人々も骨を持ち込み、近世まで利用していたことも考えられる。

先史時代の骨であることが確認されない限り、遺族をたどれる可能性はゼロではない。二〇一六年のアイヌ遺骨返還訴訟の和解は、民法に規定される血縁関係にかかわらず、コタン（集落）で墓地を営んだアイヌ民族の慣習を尊重し、地域に遺骨を返すことで合意した。百按司墓も地域で利用されていたのであれば、アイヌ墓地と共通の性質を備えていたことになる。

研究者間では「いつまでが人骨標本で、いつからが遺骨なのか」という定説はない。北海道アイヌ協会や日本人類学会などが参加した「これからのアイヌ人骨・副葬品に係る調査研究の在り方に関するラウンドテーブル」は「おおむね百年以内に埋葬された遺骨や副葬品」は研究対象とすることに「問題がある」との見解をまとめている。

金関は当時の沖縄県庁、地域の有力者らに話を通した上で遺骨を持ち出したようだが、遺族の了解を得たという記録は見当たらず、遺骨持ち出しを刑法に反しないと考えるには無理がある。「違法な盗掘だった」という評価が定着しているアイヌ遺骨の収奪に関して取りまとめられた「ラウンドテーブル」の基準と比較しても、問題があると言わざるを得ない。

二〇〇七年、国連は「先住民族の権利に関する国際連合宣言」を採択した。宣言の中には遺骨の返還を求める権利が明記されている。国連は琉球の人々について、先住民族であることを明確に認め、日本政府に権利保護を勧告している。旧帝国大学の人類学者によって沖縄から遺骨が持ち出され、現在も京都大学などから返還されていない状況は、国内法である刑法だけでなく、国際法の水準でも違反していると言うことができる。

返還求め提訴

沖縄から持ち出された遺骨について多方面から返還要求が相次ぎ、一部は返還に結びついている。琉球民族独立総合研究学会は二〇一七年、遺骨持ち出しは「先住民族の権利に関する国連宣言」第一二条（伝統儀礼を行う権利）に違反していると指摘する声明を、国連人権高等弁務官事務所に提出した。同年に設立された琉球民族遺骨返還研究会（代表・松島泰勝龍谷大学教授）は、京都大学などに情報公開と遺骨返還、琉球民族への謝罪を求めている。

京都大学は問い合わせに応じなかったが、沖縄県選出の照屋寛徳衆院議員の照会に対し、文部科学省は遺骨が京都大学に保管されていることを明らかにした。京都大学は遺骨の保管状況を「プラスチック製の直方体の箱に収納している」「温湿度を一定に保ち、学術研究に支障のないよう、適切に保管している」と説明。研究成果（論文などのリスト）の有無は「本学の研究者および学生の学術論文等を網羅的に把握することはしておらず、リストなどはない」と明らかにしている。

京都大学は一部の情報を明らかにしたものの、返還要求については応答しなかったため松島教授らは二〇一八年一二月、遺骨返還を求めて京都地裁に提訴した。この琉球遺骨返還請求訴訟は二〇二〇年四月までに五回の口頭弁論を終えた。原告側は民法、刑法などの国内法から国際法までを根拠に遺骨持ち出しの違法性を主張、返還を求めた。京都大学は違法性を否定し、全面的に争う姿勢を示している。

一方で台湾大学からは二〇一九年三月、遺骨六三体が沖縄側に返還された。沖縄県教育委員会は遺骨を一体ずつ箱に入れた状態で県立埋蔵文化財センターに保管している。県教委は遺骨を歴史的な資料として保管することにしており、遺骨に関係する文献などを調査する考えを示している。「琉球人遺骨返還訴訟を支える会」などは遺骨を再風葬するよう求めているが、県教委は再風葬する考えは「ない」としている。

先住民族の権利

遺骨返還を求める権利は「先住民族の権利に関する国際連合宣言」で認められている。琉球の人々が先住民族であることは国連自由権規約委員会も認め、国連人種差別撤廃委員会も明確に先住民族であると認定した上で、日本政府に対して権利保護を勧告している。しかし日本政府は、国内の先住民族はアイヌ民族以外に存在しないという立場で、国連の勧告を無視し続けている。遺骨の収奪は琉球の人々の人権を侵害する行為であり、遺骨を返還していない現在の京都大学などの対応は琉球の人々の先住民族としての権利を侵害する行為だ。琉球併合（「琉球処分」）や沖縄戦、戦後の米国統治、現在の在沖米軍基地問題などにより、国家によって琉球人の自己決定権が侵害されてきたことと地続きの問題だ。

沖縄の人々の自己決定権が、日本の植民地主義によって侵害されている点で共通しているからだ。全国各地の旧帝国大学に保管されているとみられる琉球人遺骨の全容が明らかにされ、その全てが返還されるまで、琉球の人々の人権が侵害された状態は続く。日本政府や旧帝国大学の関係者はこの問題に正面から向き合うべきだ。

冒頭に挙げたカタルーニャの人々以外にも、国家に虐げられる人々は沖縄に共感を寄せる。台湾東部の花蓮県、馬遠村で暮らす布農《ブヌン》民族の人々もそうだ。かつて台湾大学にいた旧帝国大学出身の研究者らによって、共同墓地から遺骨を持ち出された。一九六〇年代、戒厳令下での持ち出しだった。村の指導者たちは長年、口をつぐんできたが、新たな世代が遺骨返還運動に取り組んだ。二〇一七年の取材時、台湾大学は既に返還する意向を示していた。住民団体「自救会」で主席を務める馬鐘啓《マーチェンシー》さんは「沖縄から持ち出された遺骨についてもしっかり調査して情報を公開し、返還すべきだ」と指摘する。馬遠村で共に活動する林翰生《リンハンシェン》さんも「遺骨返還が布農だけでなく、他の先住民にも広がっていくのが理想だ」と語っていた。台湾大学や京都大学だけでなく、全国の旧帝国大学に沖縄、アイヌ民族に限らず各地から持ち出された遺骨があるとみられる。各大学は保管している遺骨について調査し、あらゆる情報を公開する必要がある。

台湾大学による琉球民族遺骨返還の顛末

中国文化大学政治系助教授　中華琉球研究学会理事長　雑誌『遠望』総編集　石《スー》 佳音《クェイイン》
（翻訳　徐　桂国）

明治維新の時期、日本は欧米諸国から種族主義に基づく「形質人類学」を導入した。植民地の対外的拡張に利用するためである。その「研究方法」とは、各地の異なる「人種」の体型を測量し、かつ多方面から遺骨を収集し、これを以て比較解剖学的研究から日本人が他の「人種」に比べて優れているということを実証しようとするものである。このような「研究」は実質的には一種の「学術植民地主義（academic colonialism）」である。

日本が一八七九年に琉球を併合した後、琉球各地で盗掘が始まり、琉球人の先祖の遺骨を収集し、「学術研究」の材料とした。この行いは日本人の優秀さを証明する為ばかりではなく、「日琉同祖論」を提唱する為のものであり、本質において日本の琉球に対する植民地統治を合理化するためのものであった。

一九二九年、京都帝国大学助教授金関丈夫は「人類学研究」を名目にして、琉球各地で人骨の発掘調査を行っている。彼は日本の植民地統治の権威を代表する沖縄県や県警察の協力のもと、琉球人の同意を得ないまま、今帰仁村の琉球王族や貴族の墓である百按司墓の遺骨を盗掘した。

その後、金関はその盗掘した遺骨の一部を京都帝国大学に寄贈し、一九三六年には台北帝国大学（現台湾大学の前身）に着任したのち、百按司墓で盗掘した三三体の遺骨、そして沖縄島の他の地域で盗掘した遺骨を台湾に持ち込み、台北帝大に寄贈した。台大には、日本統治時代に奪われた合計六三体の琉球人骨を収蔵しているが、その過半数は金関に由来するものである。

中琉間の伝統的な友誼を引き継ぎ、琉球人民による脱植民地化運動を支持するため、私たちは二〇一五年六月、「中華琉球研究学会」を設立すると共に、同年八月六日、「琉球：東アジア平和の鍵――琉球学者と台湾学者との対話」シンポジウムを開催した。龍谷大学の松島泰勝教授を含む三名の琉球学者が出席し、琉球の友人たちとの間で交流を行い、今後の協力関係について話し合った。

二〇一七年二月、『琉球新報』は京都大学及び台湾大学に金関丈夫が盗掘した琉球人の遺骨が収蔵されていることを報じた。この問題に対し、松島教授が「琉球民族遺骨返還研究会」を立ち上げた。松島教授及び沖縄国際大学の友知政樹教授も私たちと連絡を取り、台大に収蔵している琉球人祖先の遺骸を故郷に帰し、風葬したいという希望を申し出た。

これに対し、私たちは道理にかなったものであり、当然のことであるとして受け入れた。ちょうど同じ頃（二〇一七年）、台湾のマスコミも、台大に台湾原住民の遺骨が所蔵されていることを報じていた。それは一九六〇年、台湾東部にある花蓮県馬遠村のブヌン族部落から奪われたものであった。同年六月、馬遠部落の原住民が「還我祖霊（祖先の霊を我らに返せ）遺骨自救会」（翌年「馬遠部落会議　還我祖先遺骨工作小組」に改称）を立ち上げ、台大に対し祖先の遺骨返還を求めた。台湾原住民立法委員の高金素梅による仲介と協力のもと、台大はブヌン族遺骨の返還に原則同意した。こうしたこともあり、私たちは高金素梅事務所に琉球民族の遺骨問題に関心を示すようお願いした。

二〇一七年八月末、友知政樹教授と『琉球新報』の宮城隆尋記者が遺骨問題の現状及び可能な解決方法を探求する為に台湾を訪れた。私はすぐに高金委員事務所と連絡を取った。彼女が主導して手配を行い、九月一日の午前、彼女の事務所で協議会が開催された。この協議会に出席したのは琉球の友人である友知政樹と宮城隆尋と、台大及び台湾政府教育部の代表各一人、通訳を兼ねた政治大学名誉教授の傅琪貽（藤井志津枝）であり、私も中華琉球研究学会理事長として出席した。これ以外にも、高金委員はさらにブヌン族の長老も招いていた。

当時、台大は既にブヌン族の遺骨返還に同意していた為に、類似案件として琉球民族の遺骨送還についても、速やかに同意、処理されることになった。しかし台大側は今帰仁村の代表が表に立って、具体的な送還条件や方法を協議することを希望した。こうして友知政樹は今帰仁村側と接触を図るために、すぐさま琉球に戻った。その後、沖縄県教育委員会と今帰仁村教育委員会が直接台大側と二〇一八年一一月一四日に『沖縄人骨移管協議書』を締結し、最終的に二〇一九年三月一八日までに六三体の琉球遺骨をすべて送還すると共に、沖縄県教育委員会の責任において受け取り保管することとなった。

今回の琉球人による台大に対する遺骨返還要求行動は初歩的成果を得たとは言え、遺骨返還要求運動を組織した「琉球民族遺骨返還研究会」及び百按司墓琉球人の子孫は実質的に遺骨送還と輸送過程に直接的に参与することができなかった。その他にも、責任者としてこれら遺骨を受け取り保管する沖縄県教育委員会はこれらの遺骨を引き続き「標本」として保管、研究するという立場を固守した。当時遺骨を盗掘した植民地主義的な日本人学者のやり方と違いはない。松島泰勝教授は、これらの遺骨が然るべき尊厳をもって祭祀を受ける為に、同遺骨の子孫とともに遺骨を当時の風葬場所に戻し、再度風葬を執り行うことを希望している。しかし、沖縄県教育委員会は「我々は今のところ再度風葬を行うつもりはない」と回答している。

さらに同様に琉球民族の遺骨を収蔵している日本の京都大学は依然として傲慢な態度を続け、この件に対し誠意ある回答をしていない。松島教授は、「(台湾大学に保存されていた)遺骨が移管できたのは大きな進展である。引き続き、私たちは沖縄県に遺骨を元のお墓に戻すと同時に、京都大学に対しても引き続き遺骨の返還を要求する」と述べた。

台大では二〇一七年九月一日、琉球民族の遺骨送還に同意したのち、実際上これら遺骨の送還に一年半の時間を要したとはいえ、結果を見ることができた。台大は早くから台湾ブヌン族の遺骨返還に同意したが、今なお補償金の支払い問題及び記念碑建立に際しての土地問題が解決されておらず、故郷での埋葬が実現していない。

ブヌン族遺骨事件から明らかになったことは、戦後台大における形質人類学研究者は日本人の指導教授である金関丈夫と同様に、研究対象の「人」をただの「モノ」と見なし、原住民の尊厳や願いを尊重しようとはしないことであった。

今日、台湾政府の蔡英文当局は中国からの離脱と独立を模索するために、日本の台湾植民地統治を美化し、植民地主義の「毒」を清算しようとはしない。それ故に、日本の植民地統治によって被害の限りを受けた台湾原住民は、民進党統治下において、今なお尊厳と悠久の正義を得ることができずにいる。

事実上、沖縄県教育委員会が窓口になって返還された琉球人骨を受け取ることになったのは、台大が琉球人骨の問題に関し比較的積極的であったことが原因であると考えられる。しかし同時に、それ故に琉球人骨が琉球民族の慣習に基づいて風葬できないという結果を生んでしまったかもしれない。

二〇〇七年の「先住民族の権利に関する国連宣言」第一二条の規定によれば、原住民族には「その精神的及び宗教的な伝統、慣習及び儀式を表現し、実践し、発展させ、及び教育する権利、その宗教的及び文化的な場所を維持し、保護し及び干渉を受けることなく立ち入る権利、儀式用具の使用及び管理の権利並びにその遺体及び遺骨の返還に対する」権利があり、各国は「関係する先住民族と協力して設けた公正で透明かつ効果的な措置によって、国が保有する儀式用具並びにその遺体及び遺骨へのアクセス並びに／又は返還を可能にするよう努めなければならない」と謳っている。琉球人の遺骨は最終的に琉球に戻されたとは言え、沖縄県教育委員会と台大間で結ばれた協議書によって、その輸送方式及び最終的な保存方法は共に琉球民族の伝統や慣習と相容れないものになった。こうしたやり方は、琉球の若者たちがこの事件を通じて琉球の民族精神を体得し、琉球アイデンティティを育むことを阻害する結果にしかならない。

祖先の遺骨が引き続き「標本」として「研究」されることは、琉球民族と台湾原住民にとって、それは人としての尊厳をもって扱われていないということである。琉球と台湾にとって、脱植民地化に向けた長い道のりがまだまだ残されていると言えるだろう。

日本国憲法における先住民族の集団的権利

龍谷大学　奥《おく》野《の》恒《つね》久《ひさ》

沖縄には、毎年のように勉強をさせてもらいに通っている。戦争、軍事、平和追求、まちづくり、そして文化。政策学部で憲法学を専攻する私にとって、沖縄から刺激と穏やかさをいただいている。今回は、沖縄とアイヌの文化を想いながら、先住民族の集団的権利について、憲法学に引きつけて考えることにする。

日本国憲法一三条は、「すべて国民は、個人として尊重される。生命、自由及び幸福追求に対する国民の権利については、公共の福祉に反しない限り、立法その他の国政の上で、最大の尊重を必要とする」と規定する。「個人の尊重」「個人主義」を定めたこの規定は、憲法の人権保障の核心原理である。個人主義は、第一に、戦前・戦中の日本の軍国主義を支えた「滅私奉公」的な全体主義への対抗原理として、一人ひとりが自らを生きること自体に価値があり、個人の生は国家や他者の手段や道具でない、とする。同時に個人主義は、「自分を一人の人間として大切にするとともに、他者も一人の人間として大切にする」とする点で、「自分さえよければいい」という利己主義とは決定的に異なる。第二に、個人は性別や性格、健康状態、価値観、民族、ルーツ、宗教などそれぞれ多様であることを前提とする。だからこそ人によっては、なかなか他者には理解されないような「譲れないもの」を有するが、そのことを認め、尊重しようというのである。

本稿がテーマとする、先住「民族」の「集団」的権利というのは、一見すると、この個人主義という憲法原理と対立する。個人主義は、明治民法下の「家」制度といった集団から、個人を解放するところに眼目があったからである。では、日本国憲法において集団的権利は認められないのか。以下、憲法学における個人と集団についての議論を概観したうえで、問題を先住民族にフォーカスしていく。そして、「民族固有の文化を享有する権利」、文化享有権に言及した、一九九七年の二風谷ダム訴訟札幌地裁判決を手がかりに、先住民族の集団的権利が個人主義と調和しうることについて考えてみたい。

1　憲法学における個人と集団

集団主義に親和的だった戦後憲法学

戦後の日本において、前近代的共同体の批判・克服が多くの知識人の課題とされたが、憲法学はその課題に無関心であったのみならず、むしろ集団主義に親和的だったといえる（木下：七頁）。「人権の享有主体は個人だけか」「会社など法人や団体に人権は認められないのか」という論点について、最高裁は、八幡製鉄の代表取締役による自民党への政治献金が問題となった事件において、「憲法第三章に定める国民の権利及び義務の各条項は、性質上可能なかぎり、内国の法人にも適用されるものと解するべきである」と判示している（最大判一九七〇年六月二四日、民集二四巻六号六二五頁）。

学説も、法人の活動も突き詰めると個人によってなされ、その効果も個人に帰属すること、現代社会において法人も一個の社会的実体として重要な活動を行っていることから、選挙権や生存権など個人にしか認められないものを除き、原則として法人にも適用されるという通説を形成した。また、労働者の権利をめぐっても、労働組合という集団を通じて権利が実現されるという団結権を中心とした労働基本権論が強調された。

樋口陽一の問題提起

一九九〇年代に入って、集団の果たす役割に鈍感な判例理論を批判的に受け止め、近代立憲主義の意義を改めて説いたのが樋口陽一であった。樋口は、近代立憲主義を象徴する一七八九年フランス人権宣言に注目し、「一七八九年宣言に結社の自由が規定されていなかったことは、身分制的中間団体を破壊することによって自由な諸個人を創出することこそが革命の課題だったことを、反映していたはずである」と述べ、「反団体主義型憲法体系」にこだわる（樋口一九九四：一七二頁以下）。

もっとも、樋口のように中間団体や集団を一括して扱うことに対しては、たとえば大企業のような「人権を抑圧する側」と労働組合のように「人権抑圧に対抗する側」といった、集団の性格の違いへの視点の必要性が指摘されている。そこで議論は、問題となる権利や当該集団の性格、集団とその構成員および集団外の個人との関係など個別具体的に検討を加えることになる。最高裁は、強制加入団体である税理士会による税理士政治連盟への寄付が問題となった事件において、税理士会や寄付という行為の性格、そして会と会員との関係を検討し、本件寄付は税理士会の目的の範囲外の行為で無効だと判示した（最判一九九六年三月一九日、民集五〇巻三号六一五頁）。

個人と集団の二つの側面

「一九九〇年代頃から始まった、グローバル化―デジタル化―新自由主義化という三つの流れの合成」（遠藤：九〇頁以下）が見られ、人々の断片化、相互関係性の希薄化が生じている。バラバラになった個人は、自らの客観的利害を把握することや主体性を形成すること自体が困難となり、そのようななかで選挙に動員され支配の正当性の付与に一役買わされる。このような民主主義の状況を問題視する立場から、他者との結びつき、さらにはＮＰＯや市民グループといった自発的結社に注目する議論があらわれる。

　また、二十世紀末には「文化多元主義」をめぐる議論が国際的にも活発になされ、日本の憲法学も注目する。ここでも樋口の主張が、個人主義を基底とする憲法学の典型的な応答であろう。樋口は、単純な人権普遍主義は狭量な西洋中心主義だと斥ける一方で、文化の多元性の承認を求める「相違への権利」の主張に対しても、「『相違への権利』の承認を求める側が、それぞれの文化単位の内側での『相違への権利』を承認しない場面があまりにも多い」と批判する（樋口二〇〇四：七七頁）。そして、「文化の多元性というとき、自然の所与としての文化と、人為の所産としての文化が、区別される必要がある。人種、民族、集団としてとらえられた言語や宗教は、自然としての文化であり、その『共同性』からいったん個人が解放されなければならない。解放されたその個人が、みずからの意思で選びなおすことを通してとりむすぶ『共同性』によって形づくられる文化が、多元的な単位として擁護されるに値する」と主張する（樋口二〇〇四：七四頁）。

　多様な集団が存在するなか、個人と集団との関係には二つの側面があり、それゆえに憲法学も微妙な対応をしてきたといえる。かつての労働組合や最近の自発的結社のように、集団が個人を支えるという側面と、「家」制度のように集団が個人を抑圧する側面である。

2 先住民族の権利に関する国連宣言

二〇〇七年九月一三日、先住民族の権利に関する国連宣言（以下、国連宣言）が、賛成一四四か国（日本を含む）、反対四か国（アメリカ、オーストラリア、カナダ、ニュージーランド）、棄権一一か国で採択された。前文二四段落・本文四六条からなる国連宣言の内容について、本稿とかかわる点を指摘しておく。まず前文を貫いているのは、「すべての民族が異なることへの権利、自らを異なると考える権利、および異なる者として尊重される権利を有」し、「先住民族が他のすべての民族と平等である」（前文二段落）との認識である。そして、「先住民族である個人は、差別なしに、国際法で認められたすべての人権に対する権利を有すること、およびその民族としての存立や福祉、統合的発展にとって欠かすことのできない集団としての権利を保有している」（前文二二段落）と述べる。

本文では、一条で先住民族が「集団または個人として」人権の享有主体であることを確認し、三条では先住民族の「自己決定の権利」、その具体化として四条で「自律あるいは自治に対する権利」を規定している。一一条以下で、先住民族が、加工品・舞台芸術・文学といった可視的な「文化的伝統と慣習を実践しかつ再活性化する権利」（一一条）、遺骨の返還権を含む「精神的および宗教的伝統、慣習、そして儀式を表現し、実践し、発展させ、教育する権利」（一二条）、歴史・言語・口承伝統・表記方法といった非可視的な文化を「未来の世代に伝達する権利」（一三条）を有することを定める。そしてそれぞれ二項にて、国家に対し奪取された財産の原状回復など効果的措置をはかる責務を規定する。

先住民族が伝統的に所有・占有・使用してきた土地や資源については、それらが独特な精神的つながりがあることを確認し、「未来の世代に対するその責任を保持する権利」を有するとする（二五条）。

このように国連宣言は、先住民族に属する個人の権利のみならず、先住民族の集団の権利も多く保障しており、国際法学者から「近代の国家／個人という二元的秩序の狭間に埋もれた集団の声を表舞台に引き出したという意義をもつ」（小坂田：三六頁）と評されている。

3　先住民族の集団的権利

先住権というアプローチ

国連宣言は、自己決定の権利、土地や資源を保持する権利などを先住民族の権利、集団的権利として規定している。先住権の保障といえよう。ところが日本政府は、「民族自決権は主権国家の領土主権を害さないものと宣言を解釈するとともに、集団的権利は認めない」と述べたうえで、国連宣言に署名した（北海道大学アイヌ・先住民研究センター：一九六頁）。

このような政府の姿勢を批判し、集団的権利としての先住権を主張するのが市川守弘である（市川二〇二〇：六頁以下）。市川は、アメリカの先住権論を研究し、それは対内的な主権を根拠にして長年慣行的に行使されてきた権利を具体的内容とし、その主体はアメリカではトライブという集団（部族）にあるとする。そしてアイヌの歴史研究を参照したうえで、アイヌでは数戸ないし数十戸で形成されるコタン（集落）が主権を有していたとし、コタンには遺骨返還権などの先住権があるとする（市川二〇一四：一七一頁以下）。

他方、集団的権利は憲法一三条の個人の尊重原理と両立しないとする憲法学の理論上の困難と、アイヌ民族が集団的権利を行使できるのかという現実的困難を考慮する佐々木雅寿は、「集団的権利としての先住権を、現行憲法の枠内に位置づける可能性を追求し続ける一方で、先住権を個人的権利として捉えつつ、集団的権利としての性格を最大限発揮する可能性を模索することも重要であろう」とし、「先住民個々人が、自律的選択の結果、先住民族の団体を結成し、その団体が一定の人権主体となる方法」を提案する（佐々木：一二九頁）。

憲法一三条から導かれる文化享有権というアプローチ

高度経済成長期に苫小牧東部に開発予定だった工業基地への用水供給のため、そしてその後は洪水調整のためとして北海道平取町《びらとりちょう》二風谷《にぶたに》にダム建設が計画された。二風谷は最も多くアイヌが住む地で、アイヌ文化継承の地でもある。このダム建設により、「民族的に特別に由緒ある土地」が収用されることへの異議と、歴史的な同化政策に対し堆積していた怒りから二人のアイヌが二風谷ダム訴訟を提起した。札幌地裁は、このダム建設にあたり建設大臣はアイヌ民族の文化について必要な調査、研究等の手続を怠ったとし、「裁量権を逸脱した違法がある」と断じたのである。この判決は、アイヌ民族が「先住民族」に該当するとし、国際的に「先住民族に対し、……いわゆる先住権まで認めるか否かはともかく」、先住民族の文化等を尊重すべきとの動きが強まっているとの理解を示した。そして文化享有権を、国連人権規約B規約二七条と憲法一三条から根拠づけたのである。判決は憲法一三条を個人主義・民主主義の原理を表明したものだとし、それは、「多様性ないし相異を前提として、相異する個人を形式的な意味ではなく実質的に尊重し、社会の一場面において弱い立場にある者に対して、その場面において強い立場にある者がおごることなく謙虚にその弱者をいたわり、多様な社会を構成し維持して全体として発展し、幸福等を追求しようとしたもの」だとする。そして「少数民族にとって民族固有の文化は、多数民族に同化せず、その民族性を維持する本質的なものであるから、その民族に属する個人にとって、民族固有の文化を享有する権利は、自己の人格的生存に必要な権利ともいい得る重要なもの」と述べたのである（札幌地判一九九七年三月二七日、判例時報一五九八号三七頁）。

　個人の尊重原理が自己の人格的生存や個人の自律を重視するとしても、個人は「はじめから」自律しているわけではない。佐藤幸治が主張するように、「個人は真空の中で自律性を確立・維持するわけではなく、自律性を確立・維持するための条件にも一定の配慮が必要」（佐藤：一八五頁）であり、「自律性獲得・維持の過程も射程に入れて『人権』を捉えるべき」（佐藤：一六〇頁）であろう。すると、個人の自律を促す他者や共同体、文化への繋がりに目を向けざるを得ない。このことは全ての個人にいえることである。だが、「『文化の自由市場』はマイノリティの文化・言語を消滅させる方向に構造的に歪曲されている」（井上：一八五頁）ため、少数民族にとっては文化を維持することと自体が、自身を含む、その民族に属する個人や子孫の人格的自律を確立するための前提となる。

たしかに本判決は、文化享有権の享有主体を少数民族に属する「個人」とする。だが、「文化」というものの本質、文化と個人の関係を考えるならば、文化享有権は主体と対象とが一体となった民族の権利のように思われる。国連宣言は、可視的なものだけでなく、精神的・宗教的伝統、慣習、歴史といった非可視的なものも含むとし、さらに土地や資源もが独特な精神的つながりがあるとする。このように文化とは、広くその土地に根ざした民族固有の生活様式と捉えるべきであろう。文化は維持・発展のみならず変貌・衰退も含めて世代を超えて形成されていくものであり、文化を享有するとはその文化を担い育むことである。だとすると、文化享有権とは土地や資源への権利を含め、個人のみならず集団の権利ともいえよう。集団的権利としての文化享有権は、個人の尊重原理の延長として、憲法一三条と調和するというべきである。

先に、集団と個人の関係について、「集団が個人を支える」側面と、「集団が個人を抑圧する」側面があることを述べた。たとえば集団内に女性を差別する風習があるなど、民族の文化によって個人の人権が害される可能性もあり、後者の側面を注視することは必要である。人権保障の出発点はあくまでも「個人」である。だが、そのことを踏まえるからこそ、前者の側面も重視し先住民族の集団的権利も認められるというのが本稿の立場である。

先住民族に属する個人は、先住民族というその属している集団ゆえに差別・抑圧がなされたという歴史を背負い、現在も苦境にある限り、その状況を克服するために民族という集団で闘うことは至極当然のことであろう。

◆参考文献

市川守弘「アイヌ人骨返還を巡るアイヌ先住権について」『法の科学』四五号、二〇一四年。

市川守弘「先住民族の権利と『アイヌ新法』」『人権と部落問題』九三二号、二〇二〇年。

井上達夫『普遍の再生』岩波書店、二〇〇三年。

上村英明「『先住民族の権利に関する国連宣言』獲得への長い道のり」『PRIME』二七号、二〇〇八年。

遠藤薫「信頼喪失社会とソーシャルメディア――アメリカ中間選挙から未来を考える」『世界』九一六号、二〇一九年、九〇頁以下。

奥野恒久『人権論入門――日本国憲法から考える』法律文化社、二〇一九年。

小坂田裕子『先住民族と国際法』信山社、二〇一七年。

貝澤耕一・丸山博ほか編著『アイヌ民族の復権――先住民族と築く新たな社会』法律文化社、二〇一一年。

萱野茂・田中宏編『アイヌ民族ドン叛乱――二風谷ダム裁判の記録』三省堂、一九九九年。

木下智史「戦後憲法学における集団と個人」『憲法問題』一九号、二〇〇八年。

佐々木雅寿「人権の主体――『個人』と『団体』の関係を中心に」『公法研究』六七号、二〇〇五年。

佐藤幸治『日本国憲法と「法の支配」』有斐閣、二〇〇二年。

中村睦男『アイヌ民族法制と憲法』北海道大学出版会、二〇一八年。

樋口陽一『近代憲法学にとっての論理と価値――戦後憲法学を考える』日本評論社、一九九四年。

樋口陽一『国家学――人権原論』有斐閣、二〇〇四年。

北海道大学アイヌ・先住民研究センター編『アイヌ研究の現在と未来』北海道大学出版会、二〇一〇年。

遺骨や副葬品を取り戻しつつある先住民のための試論

大阪大学　池《いけ》田《だ》光《みつ》穂《ほ》

この文章は、世界の先住民遺骨返還運動の現状とその背景にある社会思想を明らかにして、「琉球遺骨返還請求訴訟」への理解を深め、その歴史的ならびに社会的意義をより多くの人に知ってもらうために構想されました。

世界の先住民遺骨返還運動を調べると、遺骨が地元の埋葬地から「収奪」されてきた経緯や、それを正当化する「科学の論理」、そして「遺骨はすべからく返還すべし」という結論に運動の当事者たちが到達するまでは、長く複雑な経緯がありました。遺骨や副葬品を「取り戻す」先住民の思想も実践（作戦）も日々深化していると言っても過言ではありません。その理由は、世界の先住民同胞が、時には先住民が帰属する国家を巻き込んで、先住民への搾取や差別の実態、そして略奪行為がなされてきたことを訴えて、博物館や大学・研究機関に遺骨や「文化的略奪物（cultural loot）」

の返還を要求してきたことにあります（池田：二〇〇〇）。またそのような返還要求が現在の政治哲学や国際関係論という観点からみてもまったく正義に叶ったものであることが明らかになってきました（シャプコット：二〇一二）。

まず初めに結論を言っておきましょう。世界の先住民遺骨返還運動の歴史を学んだ人にとっては、日本における博物館や大学、研究機関にある先住民遺骨と副葬品の返還の不履行の現状は、悲しく驚くべきほど「遅れて」います。したがって、歴史と現状を、今ここでまさに私たちが学ぶ時に「どうしてこんなに遅れているのか？」と悲観的になるのは当然のことです（松島と木村：二〇一九）。しかしながら、世論は、研究者のみならず一般の人でも「研究のためだから仕方がなかったのではないか？」と他人事のように思っているのではないでしょうか。自分やその親族が標本になることはないという「無感情（アパシー）」の構造というものが、先住民遺骨返還運動と私たちのあいだを分断しているのです。

その流れに抗して、世界の先住民の人たちが博物館や大学、研究機関にある同胞の先祖の遺骨や副葬品をふるさとに奪還し、祖先から伝わったやり方で供養することができた経緯について学ぶことは重要です。学ぶことで日本における「歴史」のギャップを取り戻すことができると私は信じています。この文章は、私がそのように確信するに至った道どりについて記すことでもあります。

人骨「略奪」を正当化した人種主義

先住民の遺骨や副葬品は、たしかに、植民者や宗主国あるいは権力者の側の博物学者、考古学者、人類学者（自然人類学者と民族学者の両方を含みます）が、先住民の許可を得なかったり、あるいは半ば公然とした盗掘行為を通して略奪されてきました。しかし、それらの科学が専門分化する以前の十八世紀前半には、探検家や宣教師たちがヨーロッパに持ち帰った異文化の「珍品」のコレクションがありました。それらはやがて博物学（ナチュラル・ヒストリー）という学問を形成するのに寄与し、貴族の収蔵庫は王立の博物館へと発展していきました。先住民の人骨を現在の感覚からみると「病的に」コレクションしていく背景には、ヨーロッパでの人種主義の発展が見逃せません。これは主に十九世紀におこりました。

人種主義とは、人間を複数の「人種」に分類し、そこに人種の間の「優れている／進んでいる／劣っている／遅れている」という、人類の進化の時間的概念と優劣の概念をヨーロッパ人を頂点とする秩序の中に当てはめる行為をさします。またそのことを科学的に「証明」し、差別を正当化する価値観は科学的人種主義と言えるでしょう。十九世紀後半のダーウィンの進化論の登場はその傾向に拍車をかけました。そのような自惚れや優越感のために先住民の人骨や民族学上の「風物」の記録が加速度的に進んだことは、『大学による盗骨』（二〇一九）のなかにおびただしく指摘されています。それだけではなく「未開の地」から文明の地に連れてこられ感染症で亡くなる先住民もいました。彼らは伝統的な方法で埋葬されることなく、人骨標本として博物館に陳列されました

（ハーパー：二〇〇二）。ヨーロッパ人が入植しやがて独立した北米では先住民が虐殺と侵略の対象になりましたが、白人入植者たちはヨーロッパに対して劣等意識を抱いていたので、先住民が自分たちよりもはるかに「劣っている／遅れている」ことを証明するために人骨の収集と「分析」に集中することに躍起になったからです。じつは日本はアイヌと琉球に対して同様の意識を持っていたことは明らかで、国内においては民族的他者を、海外においてはアジア諸国や植民地の人たちを蔑視していました。一万円札の肖像にも採用され、教科書にも掲載されている著名な啓蒙主義者の福沢諭吉ですら自分たちはアジア人ではなくヨーロッパ人になるのだという「脱亜入欧」というスローガンを掲げ、当時の多くの人の喝采を浴びたのです。

その後、この科学的人種主義は、やがて人種を好ましい方向に改良したり、悪い人種を増やさないために断種という手段も正当化される優生学という学問の誕生においてクライマックスを迎えます。優生学は、やがて人種の選別という実践的方法に使われなくなる代わりに、精神障害やハンセン病などの隔離断種を正当化する実践原則に姿を変えていきます。他方で、第二次大戦後の国際人権宣言（一九四八年）が国連で採択され、人間という種はひとつであり人種主義は誤った考え方という見方が優勢になるという明るい面も生まれます。

遺骨返還の未来

一九六〇年代の旧植民地からの新興独立国の誕生と国際連合への加盟は、全地球のほとんどの領土が独立国家により色分けされ、各国民の間でナショナリズムが台頭します。同時に、国家の中に少数民族や先住民を組み込む政策が進みます。歴史的に反植民地運動や反乱を組織した先住民の首長などは建国に先立つ国家的英雄と持ち上げられます。しかしながら、その先住民への評価はアイドル化のレベルに留まり、結局のところ、旧宗主国の言語による国家語の採用と均質な国民文化への同化政策がますます進みます。他方で、少数民族や先住民の庇護者として国家が彼らを代弁し、旧宗主国への人骨や副葬品の返還を要求する運動が一九六〇年代末から世界各地でおこってきます。この時期の、政府の役割はあくまでも旧宗主国に対する先住民の要求を代弁し、対外的な要求運動を通して自国のナショナリズムを強化する運動の一環としておこなわれます。

　この潮流が変化するのが一九八〇年代です。対外的な活動をおこない先住民の遺骨の返還を達成したものの、国内にも同様の人種主義時代のコレクションを抱えて、先住民に返還する枠組みそのものがなかったため、先住民は国家の研究機関に対しても遺骨や副葬品を返還すべきだと要求したのです。アメリカでは一九七〇年代のアメリカ先住民の抗議運動が盛んになり、各地で土地返還訴訟がおこなわれ、強制移住や文化の剝奪について事実が明らかにされ、司法当局もそれに応えていかざるを得ませんでした。先住民の権利復権のための複数の社会運動が進められました。その運動のクライマックスが一九九〇年のアメリカ先住民墓地保全返還法（ＮＡＧＰＲＡ）の制定です。ニュージーランドのマオリやオーストラリアのアボリジニーも、先住民に対する国家の「負の歴史」の発掘や言語復興運動などを通して、国内の博物館から歴史的謝罪も含めて返還訴訟を勝ち取

国や地域	北欧諸国			英国	北米		オセアニア	
	スウェーデン	フィンランド	ノルウェー		米国	カナダ	オーストラリア	ニュージーランド
主たる対象先住民	サーミ	サーミ	サーミ	マオリ、アボリジニー、	北米先住民	イヌイット、北米先住民	アボリジニ	マオリ
先住民組織	サーミ組織、サーミ議会	サーミ議会	サーミ議会、サーミ博物館協議会	(旧植民地の先住民団体、コミュニティ長老)	北米先住民の各部族コミュニティ	ファーストネーション会議、カナダ博物館協会	政府とアボリジニ団体、国際返還組織、国立保管計画	マオリ先住民組織
法	遺産保護法	法整備は少ない	文化遺産法、墓地法	歴史的慣習法が返還を阻む、人体組織法(2004)、スコットランド人体解剖法(2006)	国立歴史遺産保存法(1966)、考古資源保存法(1979)、アメリカ先住民博物館法(1989)、アメリカ先住民墓地保全返還法(1990)	博物館法(1990)	先住民遺産保存法(1980)、各州政府の先住民遺産保護法、国立公園野生動物保護法	保護遺物法(1975)、テパパトンガレワ＝ニュージランド博物館法(1992)
ガイドライン	人骨管理ガイドライン	再埋葬ルールの確立	博物館や大学などで設定	遺体に関する作業グループ(2001)、学協会ガイドライン(1998)、各博物館や大学の組織的対応	先住民概念の尊重、法と返還手続の確立、費用負担原則、ピーボディ博物館等ガイドライン	遺体取扱指針(1991)、カナダ文明博物館返還方針(2001)、ブリティシュコロンビア大学帰還プロジェクト	国立先住民研究所、先住民文化返還プログラム、先住民返還政策(2011)	ニュージランド博物館法による返還ガイドライン

出典：おもに加藤（2018）による

ることに成功します。

（すべてを網羅しているわけではありませんが）世界の先住民の遺骨や副葬品の返還について整理したのが表です。ここから将来遺骨や副葬品の返還を実現するためには、二つの方法があるように思われます。ひとつは、アメリカやオーストラリアのように、法制度の整備を働きかけることを通して、先住民の集団的権利を国家に認めさせ、返還と埋葬を補償金つきで認めさせるという方法です。この方法はいったん制定されると法的拘束力をもつために、博物館や大学はその要求に答えざるを得ないという利点をもちます。もうひとつは英国やカナダのように、先住民団体が博物館や大学に圧力をかけ交渉を通して、それぞれの博物館や大学に、組織として対応させる返還ガイドラインを制定させることです。この方法の利点は、法整備が十分でなくても（英国はコモンローという法制度の下で統一法で対処しにくい）個別の組織の判断で返還が可能になるということです。

では肝心の日本はというと、とても問題含みです。アイヌにみられるように地域返還が運動家の根気強い活動により一部で実現しましたが、ウポポイの慰霊施設に集約するという閣議決定（二〇一四年六月）以降は、国立ならびに公立の大学・博物館にある遺骨が個別の交渉で返還を実行することが難しくなりました。中央政府から慰霊施設に集約するために、個別に応じるなど裏で声をかけているかのようです。人骨の研究利用についても窓口にあたる団体は、アイヌ民族の集合的な先住民権を声高に称揚はしていません。「琉球遺骨返還請求訴訟」では、先にアイヌ民族の遺骨返還ガイドラインで定められたはずの民法上の「祭祀承継者」の権利すら原告には認めない動きすらあります。「祭祀承継者」である可能性のある遺族の要求に関して一切耳を傾けようとしないのは、研究倫理の原則にも違反する行為です。

遺骨と副葬品の返還を実現させた諸外国の事例から学び、日本の先住民運動に携わる人びとの遺骨返還運動の戦略について私が提案するのは次のようなことです：

（1）今日の研究倫理原則に照らして反倫理的ないしは非倫理的な経緯で採集されたことが明らかなものは、ただちに所有者ないしは返還に該当する者を研究機関が調査し速やかに返還する義務があること。そして、あらゆる人道的犯罪に時効がないように「盗骨」した時点ですら研究倫理遵守の必要性があり、研究不正の真実を裁判所は認定する必要があることを訴えるべきです。

（2）次に、今日の研究倫理原則に照らして反倫理的な経緯があると疑念されるものは、その疑念が晴れるまでは研究には使えないこと。

（3）今日の研究倫理原則に照らしてもなお問題のないものについての今後の研究は、当該組織の研究倫理委員会（施設内委員会［ＩＲＢ］）の他に、その組織以外第三者からなる研究倫理組織の認証を受けてはじめて可能になること。

これらのことを研究組織とそれを管理する国や自治体に対して、国民（市民）はそれを働きかけ遵守させるべきだと、私は考えます。

このような縛りは、これまで好き放題に研究してきた研究者にはまったく理不尽な要求に見えることでしょう。しかしながら、私は世界水準に照らし合わせても常識的なことを提案しているにすぎません。なぜなら（3）の条件をクリアすれば、世界水準に叶う倫理基準を担保しているわけですから、堂々と海外の論文に掲載することもできます。長年の間、支配者の優越心だけを満たすために使われてきた先住民の遺骨と副葬品を、本来弔うべき人の元に還すことができ、また先住民とともに――遺骨やDNAは研究に「使われる」のではなく物質的にも霊的にも自ら「参画する」ことになる――科学的な成果を共有することができるわけですから、これほど合理的精神に満ちた処方箋はないと、私は考えます。今こそ、当たり前のことを要求してきた先住民と、反倫理な「負の歴史」を抱える科学者の言うことの、どちらが正しいのか、国民（市民）はしっかりと判定し声をあげるべきでしょう。

◆参考文献

加藤博文「先住民族の遺骨返還――先住民考古学としての海外の取り組み」『先住民考古学シリーズ』第一巻、一～七一頁、二〇一八年（北海道大学HUSCAPにてネットで閲覧可能）。

ケン・ハーパー『父さんのからだを返して――父親を骨格標本にされたエスキモーの少年』鈴木主悦ほか訳、早川書房、二〇〇一年。

池田光穂「物神化する文化――文化遺産のグローバルな流通について」『三田社会学』第五号、一七～二八頁、二〇〇〇年（慶應義塾大学学術情報リポジトリにてネットで閲覧可能）。

松島泰勝・木村朗編著『大学による盗骨——研究利用され続ける琉球人・アイヌ遺骨』耕文社、二〇一九年。

リチャード・シャプコット『国際倫理学』松井康浩ほか訳、岩波書店、二〇一二年。

コラム

日本人類学会の「要望書」とアイヌ遺骨問題

日本人類学会のアイヌ遺骨研究を考える会（チャランケの会）事務局長　出《で》原《はら》昌志《まさし》

日本人類学会は、アイヌ民族、琉球民族などの遺骨を盗掘した人類学者の研究を継承していますが、琉球人遺骨返還請求訴訟に関して、被告の京都大学に「要望書」（二〇一九年七月二二日付、本書巻末資料参照）を提出して、同学会の「古人骨資料の管理」に関する三原則を示し、遺骨の研究利用を最優先して、琉球民族（遺族等）への遺骨の返還を阻んでいます。

墓を暴いて遺骨を盗掘した事実があれば、それを謝罪して、被害者の意志に基づいて遺骨を返還し、その責任をとることは当たり前のことです。ところが、日本人類学会は、遺骨の研究利用を最優先して、あろうことか琉球民族への返還を阻もうとしています。日本人類学会の人権意識、人間観は一体全体どうなっているのか、その偏狭な意識に驚きます。すでに、二〇〇七年に採択された「先住民族の権利に関する国連宣言」（以下、国連宣言）の第一二条・第三一条でも遺骨返還の権利が明記されているように、このことは国際ルールでもあります。

私たちは、日本人類学会に対して京大への「要望書」を撤回して、琉球民族に対して謝罪することを申し入れていますが、同時にアイヌ民族に対する謝罪も要求しています。

日本人類学会は、日本考古学協会、北海道アイヌ協会とともに「これからのアイヌ人骨・副葬品に係る調査研究の在り方に関するラウンドテーブル」（二〇一九年から日本文化人類学会も参加）を構成していますが、アイヌ遺骨研究に関して「アイヌの遺骨等の返還と慰霊の実現は第一義であり、研究に優先されること……」（最終報告書・二〇一七年四月）に合意しており、「要望書」においてアイヌ遺骨に関しては三原則の適用から外しています。

しかし、この「返還と慰霊の実現は第一義」の記述は実際のありようを取り繕う詐術であり、政府・学術界は、日本人類学会の望む通りに研究利用最優先で遺骨が取り扱われるように動いています。

政府は、当初、遺骨の「返還ガイドライン」において、三八体の個人特定された遺骨の祭祀承継者への返還のみを表明していました。ここに、全国の一二大学だけでも一六七六体・三八二箱が留置されていた遺骨の返還を拒み、研究利用に供する意思が明確に示されています。

その後、二〇一二年に始まったアイヌ遺骨返還請求訴訟の闘いで杵臼、浦幌、紋別、旭川の遺骨が裁判和解で返還・再埋葬されると、「返還ガイドライン」が修正されましたが、遺骨返還に厳しい返還条件をつけて、実際には返還を阻んで大半の遺骨を留置しています。

また、〝盗掘〟という歴史認識は遺骨問題の核心ですが、学術界は、遺骨の収集は、アイヌ民族の墓を人間の墓と認めなかった「人骨発見発掘の規定」（道庁令・一九三四年）を根拠に、「当時の法令に従っていた」ので盗掘ではないと強弁しています。それ故、「ラウンドテーブル」の盗掘した遺骨の研究利用を認めない旨の姿勢も詐術と言えます。そもそも盗掘を認めていないのですから。

同学会の「要望書」（本音）は、政府・学術界がこのように支え、アイヌ民族にも向けられており、アイヌ民族への謝罪を要求する所以です。

これらの詐術に関して、北海道アイヌ協会は政府・学術界に追従していますが、〝アイヌ魂〟は死なず、各地でアイヌ民族の権利と尊厳をかけた闘いが継承され、その非道を正しています。

翻って日本人の遺骨の盗掘は行われていません。仮に数体でもそうした遺骨が発見されると、日本社会を大きく揺さぶり、謝罪・返還は即刻行われるでしょう。遺骨問題の本質は、アイヌモシリ・琉球を国境内植民地とした植民地政策が元凶であり、その政策・差別が現在も継承されていることです。先住民族の遺骨問題は、私たちが主権者としてどれだけ真の歴史認識と主体を奪われているかを問いかけます。そのありようを恥じ入ります。

オーストラリア先住民族の遺骨返還

龍谷大学　友《とも》永《なが》雄《ゆう》吾《ご》

はじめに

一七八八年に西洋人の入植が開始してから国家の周辺に位置づけられてきたオーストラリア先住民族[1]（以下、法律等を除き先住民族と省略）は、差別的な取り扱いに抵抗し、一九三〇年代から完全な市民権の獲得や先住民族の自己決定権の保障を訴え続けてきた。一九六七年には国民投票による憲法改正を実現し、先住民族はオーストラリア国民と同等の権利を獲得した。その後、先住民族運動が要求する主題は、自己決定権の保障へと変わる。

なかでも土地の権利を法的に確定させ、過去の歴史的な不正義を是正することが運動の主題となり、こうした運動の一つの成果として二〇〇八年二月のK・ラッド首相による公式謝罪は記憶に新しい。本章で扱う遺骨返還運動は、土地や財産所有の権利保障や歴史的な不正義の是正を求める運動と深く関連する主要なテーマである。

遺骨の収集

先住民族の遺骨や副葬品は、解剖学者、形質人類学者、医療関係者、地域の大地主などにより収集され、国内外の大学や博物館、個人収集家に送られた。その目的は、人類の起源や進化の過程、「人種」の違いを解明する「科学的」な研究であった。こうした収集方法には、偶然の発見から意図的な盗掘、オークション、売買、殺害現場からの収集に至るまで、様々な手段が講じられた。

遺骨収集で最も古いのは、シドニーのボータニー湾で殺害されたアボリジナル青年の頭蓋が、一七九三年に英国の博物学者J・バンクスからドイツの比較解剖学者J・F・ブルーメンバッハに送られた記録である。一八六九年にはホバート病院の遺体安置所から、タスマニア最後の「純潔」アボリジナル男性W・レンの頭蓋がロンドンの英国王立外科医師会へ送られた。更に、一八七〇年代には、英国王立人類学協会が人類学者に対して紛争地における先住民族の頭蓋の収集を促し、これにより人類学者が紛争地の遺体から頭蓋を切断し、それらを英国の博物館や研究所に送った。

また、遺骨の発掘から収集に至る流通ネットワークが一九世紀半ばまでに確立されていた。それは個人のアマチュア収集家、地方町の在野の研究家や資料館、さらには世界的なオークションのエージェントなど複数のアクターが研究者や博物館や研究機関との間で構成された複雑に絡み合うネットワークであった。

こうした遺骨のグローバルな流通ネットワークの一つに日本のアイヌ民族とアボリジナルの遺骨交換がある。例えば、東京帝国大学の解剖学者であった小金井良精の日記には、一八八七年から一九三五年までアデレード、シドニー、メルボルンの大学や博物館の研究者とアイヌ民族とアボリジナルの頭蓋を交換したと記録されている。こうしてローカルからグローバルに至る遺骨収集は、人類の起源や進化の過程、さらには「人種」の優劣を「科学的」に解明するという理由で正当化されたのである。

一方で、遺骨の略奪行為に対して先住民族やその支持者が抵抗を示してきた。タスマニア最後の「純潔」アボリジナル女性トルガニーニは、一八七六年に亡くなる前にダントルカストー海峡に遺体を葬ってほしいと遺言したが、一八七八年に彼女の遺体は墓から暴かれ、その後八〇年近くタスマニア博物館にて展示された。これに対して、一九三〇年代に英国国教会のH・B・アトキンソンを中心にトルガニーニの遺言を守ろうとする活動がはじまった。一九五四年には遺骨の博物館展示が禁止され、研究以外での利用ができなくなった。

しかし、いまだ遺骨は博物館に保管されていたため、建国二〇〇周年にあたる一九七〇年に、タスマニア大学法学部で学ぶ最初のアボリジナル男性H・ペンリスがトルガニーニの遺骨の再埋葬を求めて立ち上がった。これにより死後一〇〇年に当たる一九七六年、彼女の遺骨は博物館から返還され、火葬後に遺灰がダントルカストー海峡に散骨された。

この一連の運動により、オーストラリア全土で遺骨返還を求める声が上がり、一九八〇年代中頃から遺骨返還に関する法律が制定されていく。次に、こうした遺骨返還を求める対応について筆者が二〇〇五年から調査を続けるビクトリア州を例に検討する。

ビクトリア州における法制度の整備と先住民族による遺骨返還運動

ビクトリア州では二十世紀はじめから半ばにかけて、メルボルン大学やビクトリア国立博物館（二〇〇〇年以降、メルボルン博物館と名称を変更）を中心に先住民族の遺骨と副葬品が収集され、例えば人類学者Ｂ・スペンサーは人類進化の過程を類型学の観点から明らかにする研究を行った。こうした状況は一九七二年に「考古学及びアボリジナル遺産保護法」が制定され変化する。ビクトリア州において博物館だけが先住民族の遺骨保管ができるようになったのである。本法では助言委員会が設置され、委員一二人中三人をアボリジナル集団から初めて選出する。以降、博物館はアボリジナル専任調査員を雇用することになった。

一九七八年のＵＮＥＳＣＯ会議では先住民族コミュニティによる文化遺産管理の必要性が要請され、一九八三年にビクトリア国立博物館は先住民族の遺骨の扱い方に関する政策を策定した。これを受けてビクトリア州政府は同年「博物館法」を制定し、先住民族の遺骨を保管し記録する責任を博物館が有しており、そのコレクションを先住民族コミュニティへ返還することが明文化された。一九八四年には、連邦政府が「アボリジナル・トレス海峡諸島民遺産保護法」を制定し、当事者の同意なく先住民族の遺骨を公的な場で展示することを違反とし、遺骨返還の原則を定めた。

同年アボリジナル男性で遺産保護の調査員であったJ・バーグがメルボルン大学の医学部に保管されていた約八〇〇体のMurray Black Collectionをビクトリア国立博物館へ移すことを依頼した。メルボルン大学はこれに反対したため裁判となり、州最高裁で一九八四年の法律にもとづきコレクションが博物館へ移譲された。翌年、ビクトリア国立博物館はコレクションをアボリジナル・コミュニティへ返還し、その内三八体の個人を特定できない遺骨は、メルボルン市内の戦争慰霊館があるKings Domainに埋葬された。

この返還運動を契機に一九八四年の法が八七年に改正され、ビクトリア州二八のアボリジナル・コミュニティに遺骨の返還が可能になる。結果、一九八八年までにビクトリア国立博物館に保管されていた遺骨が州全土の九つのアボリジナル・コミュニティへ返還された。一九九一年には二つのアボリジナル団体との共同でビクトリア国立博物館が保管する全ての遺骨記録を完成させる。

二〇〇六年に七三年の遺産保護法に代わり制定された「アボリジナル遺産法」は、アボリジナル遺産委員会を設置し、本委員会に遺骨返還プロセスや罰則規定に直接関与できる権限を与えた。また、二〇一五年六月にメルボルン博物館は、先住民族の同意なく遺骨を収集、保管した過去の過ちに対して公式謝罪した。

今日のオーストラリア先住民族の遺骨返還

先住民族は、遺骨や副葬品の返還をどう捉えているのだろうか？

それは先祖が故郷により癒され、故郷と一つになることであり、現世代のアイデンティティ獲得と次世代への文化継承にもなるという。同時に、何世代にも続くトラウマであり、コミュニティにとっては、遺骨返還の概念がなく的確な埋葬方法を決定しづらいともいわれる。一方で、連邦政府は遺骨返還を、先住民族コミュニティの遺骨返還の管理権を認め、これにより先住民族の心の病を癒し、植民地化による歴史的な不正義の是正と非先住民族との和解を促進できると捉えている。

連邦政府は一九九〇年代から組織的な政策を展開する。二〇一二年には先住民族で構成される助言委員会を設置し、さらに各州・準州にある八つの博物館と連携した。これにより国内外に散在する遺骨と副葬品が返還される権利を先住民族が行使できるよう支援する政策を実施している。そこでは、先住民族コミュニティへの事前の情報提供と同意が必須となっている。こうした体制下で、先ず個人が特定できる遺骨は、先住民族コミュニティに返還される。次いで、州・準州とだけ特定された遺骨は、先述の八つの博物館で保管される。最後に、オーストラリアとしか特定できない遺骨は八つの博物館で保管されるが、海外からの遺骨はキャンベラのオーストラリア国立博物館で保管される。

特に個人の特定ができない遺骨に対しては、国家慰霊施設の建設が検討されてきた。それは埋葬と儀礼と公共の三機能を備えた施設で、二〇一四年のアンケート結果では、五三％がキャンベラに慰霊施設を設置する意見であった。これを受けた二〇一八年の連邦政府の報告書では、キャンベラに国家慰霊施設を設置することが明記された。

さらに一九九〇年代から、世界九カ国から一五〇〇体以上の遺骨が返還され、二〇〇一年からキャンベラのオーストラリア国立博物館が遺骨返還の窓口になっている。遺骨返還の最も多い国がイギリス一二六五体、次いでドイツ一〇五体、アメリカ一〇〇体と続く。現在は欧米からの遺骨返還がその中心であるが、今後は「先住民族の権利に関する国際連合宣言」の第一二条にも明記されているように、遺骨返還の世界的な動きに日本も対応を迫られることは免れない。

おわりに

一九七〇年代から先住民族の自己決定権の議論が本格化し、八〇年代には遺骨返還に関する法律が制定された。州や準州の博物館や大学では先住民族の問題を扱う部署が設置され、そこで先住民族の調査員や研究者が活躍している。また、一九九一年にアボリジナル和解委員会が設置されると、先住民族の問題を学ぶ自助グループの輪が全国で生まれ和解の認識が広がっている。さらに二〇〇〇年に国家アボリジナル・トレス海峡諸島民研究所が倫理規定を作成し、そこでは非先住民族と先住民族との共同研究が明記された。こうして醸成してきた先住民族と非先住民族との相互理解や共同研究の事例を細かに検証することから琉球遺骨返還の運動が学べるところは少なくない。

◆注

1　ここで先住民族とは、大陸を中心に生活をするアボリジナルと大陸とトレス海峡を中心に生活するトレス海峡諸島民を意味する。

◆参考文献

Department of communication and the Arts（https://www.arts.gov.au/what-we-do/cultural-heritage/indigenous-repatriation 二〇一九年一一月一九日閲覧）

Faulkhead, S., J. Berg (eds.). 2010. *Power and the passion: our ancestors return home.* Koorie Heritage Trust Inc.

Fforde, C., J. Hubert and P. Turnbull (eds.). 2004. *The Dead and Their Possessions: Repatriation in Principle, Policy and Practice.* Routledge.

Fforde, C., C. T. McKeown and H. Keeler (eds.). 2020. *The Routledge Companion to Indigenous Repatriation Return, Reconcile, Renew.* Routledge.

コラム

人類学と植民地主義——琉球をめぐって

琉球人遺骨返還訴訟を支える会・大阪 事務局長　川瀬《かわせ》俊治《しゅんじ》

日本は植民地を一九四五年の敗戦で全て失った。幕末から明治初期にかけてのアイヌ（アイヌモシリ）、琉球の侵略から、日清・日露戦争、第一次世界大戦、アジア・太平洋戦争を通じて奪取していった台湾、朝鮮、関東州租借地および南満洲鉄道付属地、樺太、南洋群島が、大日本帝国の植民地であった。

人類学（形質人類学、自然人類学）は「文明」「未開」「人種」の尺度から人類学調査を行ってきた。エドワード・サイードがいう西洋中心主義的な眼差し＝オリエンタリズムこそ植民地主義と言えるが、文化人類学者太田好信は自著『人類学と脱植民地主義』（岩波書店、二〇〇三年）でこう述べている。「人類学は知識の蓄積によりますます精緻になってきたが、それは植民地主義という歴史への批判を無視した結果にすぎなかったのではなかろうか」。太田の指摘は、人類学がなんとしても解決をはからねばならない課題である。

植民地主義、優生思想は臓腑のように染みついている。この世は、ほかに、性差別、身分差別などの負の価値観が充満している。人類学が無関係であるはずない。最先端の人類学研究としてＤＮＡ（デオキシリボ核酸）を駆使した分子人類学があるが、差別的な優生思想を復活させる危険性が指摘されている。その一つとして海原剛「篠田謙一『日本人になった先祖たち』の自滅」（遺骨をコタンにかえせ！四大学合同全国実行委員会『アイヌ民族の遺骨は告発する――コタンの破壊と植民地支配』（二〇一七年）所収）では、以下のように述べている。

「かかる分子人類学的研究は、ナチズムの国家思想であった遺伝生物学――遺伝学的『人種』理論または差別的な優勝劣敗の『優生』思想を復活させることに」（一四五頁）

人類学と植民地主義に関する書として、京都大学人文科学研究所共同研究報告、山路勝彦、田中雅一編著『植民地主義と人類学』（関西学院大学出版会、二〇〇二年）、坂野徹『帝国日本と人類学者　一八八四―一九五二年』（筑摩書房、二〇〇五年）が代表的だろう。植民地台湾、朝鮮などをテーマにしている。坂野は、一九〇三年の「人類館事件」の監修者坪井正五郎の人類学観を追及したが、「北海道、沖縄」を国内植民地として論じた。

太田の著書から八年後に山路勝彦編著『日本の人類学――植民地主義、異文化研究、学術調査の歴史』（関西学院大学出版会、二〇一一年）が出た。「異文化の記述と方法」で沖縄研究に触れているが、脱植民地化をテーマとしていない。

なぜ人類学（者）は琉球研究で脱植民地化を論及しないのか。金関丈夫京都帝国大学助教授の師匠、清野謙次京都帝国大学教授は日本古代人骨の研究を進めたのだが、「現代アイヌ人骨」「現代朝鮮人骨」「現代支那《ママ》人骨」などの「発掘」も記録している。金関は、沖縄県今帰仁村の百按司墓から琉球人の遺骨を「発掘」したほか、台湾タイヤル族の遺骨一〇〇柱の「発掘」を行った。

植民地を失った戦後こそ徹底した脱植民地の営みをしなくてはならない。清野、金関らが「発掘」した遺骨は脱植民地の営みとして、まずはこの文章劈頭で述べた旧植民地、朝鮮（韓国）、台湾、あるいは旧傀儡国家・「満洲国」がつくられた中国などに返還しなければならないのと同じく、アイヌの元のコタン、琉球の百按司墓などに返さねばならない。

　琉球に特化すれば、「琉球併合」で琉球を植民地化した認識があってこそ、戦後の学問の営みは、脱植民地の視点が生まれる。歴史学からいくつかの例を挙げれば、東アジア史から迫ったものに、波平恒男『近代東アジア史のなかの琉球併合――中華世界秩序から植民地帝国日本へ』（岩波書店、二〇一四年）があり、植民地責任の視点から「琉球併合」を論じたものに浅田進史「植民地責任論」（日本植民地研究会編『日本植民地研究の論点』（岩波書店、二〇一八年）所収）がある。人類学者が脱植民地のテーマで琉球を論じるには、日本人類学会草創期の指導者坪井正五郎の軌跡から問う作業から始めねばならないだろう。

　矢内原忠雄が一九五五年に「沖縄は米軍の軍事植民地」と「朝日新聞」で発表し、最近では大城宜武《よしたけ》『日本植民地国家論――沖縄支配の構造』（琉球館ブックレット、二〇一四年）で「沖縄県が日米共同管理の内国植民地である」と規定した。しかし、日本は一八七九年「琉球併合」で一国家を「併合」したのであり、朝鮮、台湾と同じ植民地として捉えてこそ、「日米共同管理の内国植民地」の深層が捉えられる。並行して歴史学からの論及を深めると同時に、坂野が前掲書で指摘した「現在の高みから、過去の研究者の知的営みを例えば植民地主義一言で片づけるのは傲慢の誹りを免れない」（五頁）という戒めにも注視すべきである。植民地主義批判で留意すべき点を指摘したものだ。しかし、碩学のこの視点に限界があることも明らかにしなければならない。

　アイヌの長年にわたる先住民族の運動をここであげたい。国内植民地の規定の一角を崩す実践的課題を担ってきたのである。調査される側が人類学者の所行を調査することで可能にしたのだ。坂野の戒めには、調査される側の追体験が並走しなくてはならない。そうでないと、調査する側に居座り続けることになってしまう。逆に「傲慢のそしり」を人類学者が犯すことになるのだ。

アイヌの運動は先住民の生存権闘争が調査される側として位置付けた学問のあり方を炙り出した。その軌跡は、アイヌの文化、習俗、信仰、言語、歴史、社会、世界観を回復する営みとして続いているのである。調査される側が調査するとはこのことであり、私たちが進めている琉球人遺骨返還訴訟は同じく琉球人が文化、習俗、信仰といった琉球そのものを取り戻す第一歩であり、結果として厳密な調査を課すことで、人類学者の植民地主義の足跡を鮮明化させ遺骨管理者（大学、国）の「傲慢」を際立たせている。

※本テーマをさらに深めた拙稿「『調査される側』から『調査する側』へ――アイヌ、琉球人の闘いについて」（季刊『ピリカモシリ』二〇二〇年夏号、No.91）を参照ください。

むすびにかえて

本書は、『大学による盗骨――利用され続ける琉球人・アイヌ遺骨』（耕文社、二〇一九年二月）の続編として編集されました。『大学による盗骨』は、日本の学知の根底にある民族差別と植民地主義を問い、市民に向けた遺骨返還運動の手引書として発行されました。最終章は、京都大学を被告に遺族らが提訴した琉球民族遺骨返還請求訴訟への支援の訴えで終わっています。

それに続く本書は、二〇一八年一二月四日提訴後の原告たちによる法廷内外での闘いの足跡と、各地で設立された支援の会の活動を、この訴訟支援を自身の課題として担われている人たちの「声」を中心に収録しました。さらに原告らの「声」を、多くの人たちが理解できるように、その前提となる琉球の歴史や文化・習慣、死生観について専門家の論考を収録しました。また、アイヌ民族の遺骨返還運動や、オーストラリアをはじめ世界各地での先住民族自身による遺骨返還運動の具体的な事例も掲載しています。法廷内で何が問われてきたのか多くの人に知っていただきたいと思います。

法廷では、第一回弁論（三月八日）原告亀谷正子氏、第二回弁論（五月一七日）原告玉城《たまぐしく》毅氏、第三回弁論（八月三〇日）原告金城實氏、第四回弁論（一一月二九日）原告照屋寛徳氏、第五回弁論

（二月二七日）原告団長松島泰勝氏と、原告自身の意見陳述が実現しました。第六回弁論は、コロナ禍の影響で七月三〇日に延期されましたがその間、伊佐眞一氏、波平恒男氏、板垣竜太氏による学者鑑定意見書が提出されています。

門前払いされることなく法廷で原告五名の陳述が実現したことは大きな成果の一つです。京都地裁大法廷は毎回傍聴人であふれ、市民の関心の高さを実感しました。法廷が、そのまま琉球の歴史や精神世界を知る学習の場となりました。一方の被告・京都大学側は、学長等の責任者は一度も出廷することなく、二名の代理人だけで、まったく無関心、無責任ぶりを露呈しました。

原告らの陳述には、百按司墓から盗掘され、今も大学の資料室でプラスチック製の箱に保管され、誰にも供養されることのないご遺骨への思いと、同時にご自身の近しい親族の死とが深く関連付けられて語られるものが多々ありました。

原告の亀谷正子さんは、「琉球民族は歴史も文化も言葉も日本民族とは異なります。琉球・沖縄の人々は日常的に先祖の霊と密に交流していて、それには遺骨・骨神の存在が重要で、不可欠です。九〇年間、歴史も文化も言葉も異なる異郷の地に置かれ続け、子孫との交流もできず、霊魂がさまよい続けているのかと思いますと、切ない気持ちになります。私は第一尚氏の末裔として、一日も早く故郷にお戻りいただき、長き不在をお慰めしたいと思います」と陳述されました。

原告の玉城毅さんは、「僅かな遺骨の前で手を合わせることは、遺骨の子孫にとって大変、屈辱的です。虚しい気持ちと、何にもたとえられない大きな怒りが湧いてきます。盗人にはその怒りは分からないでしょう。遺骨が無くなったことを知り、心に穴が開いたような気持ちで手を合わせています」と。さらに、「両親、祖父母、さらに遡って、遠い昔に祖先がいたから、私がこの世に生を得ることができたと思うと、感謝と安心感が湧いてきます。その安心感が、自分が生かされている意味（アイデンティティ）の基底になっているのです」と陳述されました。

原告の金城實さんの父親は、日本兵として出征し戦死されています。靖国神社に英霊として父親の「御霊」が祀られていることに対し、靖国神社を被告に合祀取り消し訴訟など反靖国の闘いを三〇年近く続けてこられました。遺族に無断で合祀した戦死者の「御霊」は靖国神社に閉じ込めたままに、一方で百按司墓から盗掘した琉球人の「遺骨」は、大学の研究材料とされ続けている。琉球人の「魂・マブイ」も「骨」も、奪われたままです。「靖国裁判も遺骨裁判も、今なお続く問題なのです。そして、その底流にあるのは、官民問わず、大日本帝国政府が行った植民地政策とそれを肯定する植民地主義の考え方なのです」とこの裁判の本質を述べられました。

原告の照屋寛徳氏は、「ありったけの地獄を集めた沖縄戦で、幾多の住民は防空壕やガマ（自然洞窟）に避難しておりました。旧日本軍は、住民を砲煙弾雨の中に追い払い、自分たちが隠れたのです。日本軍は住民を守りませんでしたが、亀甲墓、門中墓、フィンチャー墓（掘り込み墓）は、住民の命を守り、安置されている骨神《ふにしん》と共に新しい生命の誕生の場となりました」と、琉球民族の経験として、骨神の慈しみの中で生まれた新しい生命について陳述されました。

原告の松島泰勝氏は、「私達は、ご先祖のご遺骨を元の墓に戻し、祭祀を行なって、そのマブイ

（魂魄）に平安を与え、子孫と骨神とが交流することができる時が来るまで、京大による「学知の植民地主義」との闘いを絶対止めません。なぜなら研究者による遺骨の盗掘やその保管を認めたら、我々の葬制、精神生活、心の安らぎ、民族としての誇りを保つことができないからです」と訴えました。

京都大学と裁判所は、この「声」を真摯に受けとめて、奪われたご遺骨は元の場所に戻し、それぞれの民族の方法で弔う方途を検討すべきです。さらに奪われたのはご遺骨だけではないことを、原告らの「声」から聴きとることも必要です。それは、過去から未来につながる「記憶」です。玉城毅さんが語られたようにその記憶とは、「自分が生かされている意味（アイデンティティ）の基底」であり、人格の一番根底にある、人としての尊厳それ自体です。

訴訟の最中の二〇一九年七月、日本人類学会会長篠田謙一氏より京都大学山極壽一総長に出された、遺骨返還を妨げる「要望書」は、私たちの訴訟に深く関与する内容で、原告のみならず訴訟団、各地の支援の会一同を驚愕させました。一つの民事訴訟に対する、学術団体という権威からの一方的な暴力に、あらためて今ある日本の学知の根底にある民族差別と植民地主義を知らされました。要望書では、ご遺骨を「古人骨資料」と称し、「将来にわたり保存継承され研究に供与されるべき」と言って憚らない。原告のお一人は「盗人猛々しい」と語られ、原告や各地の支援の会から抗議書や対話を求めた要請書が出されましたが、応答する気配すらありません。

どんな人間も「生・老・病・死」する存在ですが、死はその人の消滅を意味するものではありません。人は死の後も、他人（他の主体）の記憶の対象（客体）として残り続けます。哲学者のホワイトヘッドはこのことを「客体的不死（objective immortality）」と呼んでいます。誰もが死を迎えますが、死は終わりではありません。その死者の記憶が生者をどれほど励ますことか、実感をもって経験された方も多いでしょう。そして、ご遺骨や墓石は死者の魂魄（マブイ）や記憶の「象徴」です。「象徴」を尊重することが、個人の尊厳の尊重になるのです。日本人類学会がいう「古人骨資料」ではないのです。

過去と未来は手をつないで助け合っています。そのことを確かめ交流する場が、ご遺骨や墓石であったりするのです。京都大学をはじめ、先住民族の遺骨を盗掘し保管している研究機関は、自分たちが何を奪っているかもっと真摯に考察すべきです。奪われたままのご遺骨をもとの場所に戻したい。こんなささやかな願いが実現しないとしたら、それを妨害する社会に大きな問題があります。私自身もその社会を形成する一人です。この訴訟を通して、琉球から奪ったもの、奪い続けていることを知り学び変わっていきたいと思います。この本も、企画の段階から耕文社の兵頭圭児さんの編集力に支えられて発行を迎えることができました。心より感謝申し上げます。

琉球人遺骨返還請求訴訟は継続しています。あらためて皆さまのご支援をお願いいたします。

琉球遺骨返還請求訴訟支援全国連絡会事務局長　山内小夜子

資料

二〇一九年七月二二日

京都大学総長　山極壽一殿

日本人類学会会長　篠田謙一

要望書

貴職におかれましては、ますますご清祥のことと存じます。

現在、京都大学を被告として沖縄県今帰仁村に所在する古墓、百按司墓より収録された古人骨の返還を求める民事訴訟が進行中であると報道されています。国内の遺跡、古墓等から収集され保管されている古人骨は、その地域の先人の姿、生活の様子を明らかにする学術的価値を含んでいることから、日本人類学会は将来の人類学研究に影響する問題として、この訴訟に大きな関心を持ち、人類学という学問の継承と発展のために古人骨資料の管理はどうあるべきかを理事会で議論し、以下の原則を取りまとめましたので、ご連絡いたします。京都大学におかれましては、長年にわたり研究資料の管理を行っていただきました事を感謝すると共に、今後も以下の原則に沿った対応をとることを要望するものであります。

日本人類学会は、古人骨の管理と継承について以下の三つの原則が欠かせないと考えています。なお、ここで述べる古人骨は、政府による特別な施策の対象となっているアイヌの人たちの骨、ならびに民法において定義されている祭祀承継者が存在する人骨を含むものではありません。

・国内の遺跡、古墳等から収集され保管されている古人骨は、その地域の先人の姿、生活の様子を明らかにするための学術的価値を持つ国民共有の文化財として、将来にわたり保管継承され研究に供与されるべきである。

・古人骨資料を保管する機関は、必要に応じて、資料の由来地を代表する唯一の組織である地方公共団体との協議により、当該資料を適切に管理する方法を検討すべきである。

・由来地に係わる地方公共団体との合意に基づき古人骨資料が当該地方公共団体へ移管される際は、研究資料としての保管継承と研究機会の継続的な提供を合意内容に含めるべきである。

京都大学を対象としては、沖縄県以外の地域の古墓から収集された人骨に対しても個人から返還要求があったと報道されています。上記の原則が守られない場合、将来、国内古人骨を扱った研究が著しく阻害され、国内の各地において過去にどのような身体的特徴・生活様式の変遷があり、地域多様性が形成されてきたかを明らかにすることができなくなることを憂慮します。また、上記の原則から外れ、当該地域を代表しない特定の団体などに人骨が移管された場合、人骨の所有権をめぐる問題の複雑化や、さらには文化財全体の所有権に係わる問題へと波及する可能性がある点にも憂慮しています。古人骨資料の管理につきましては、今後、様々な運動が発生するかもしれませんが、一〇〇年、二〇〇年先、あるいはさらに遠い将来を見据えながら、国民共有の文化財という認識に基づいて対応をとっていただきたいと思います。よろしくおねがいします。

二〇一九年八月二〇日
日本人類学会会長　篠田謙一殿

琉球民族遺骨返還研究会代表　松島泰勝

抗議文

二〇一九年七月二二日に発出された「要望書」に関して、以下の通り強く抗議し、謝罪と貴学会としての誠意ある対応を求める。一応の回答期限を一ヶ月後の九月二〇日までとしたい。本抗議文に対する回答形式は、文書によるものの他に、貴学会での本件に関する、訴訟団を含めた公開シンポ開催計画等を求めたい。なお貴学会による「要望書」は社会的に大きな反響と問題を提起していることに鑑み、本抗議文を公開とし、社会的な議論を促したい。

一　「要望書」の冒頭で、琉球民族遺骨返還請求訴訟に言及し、それが人骨研究の阻害要因になるとして、貴学会が被告でないにも係わらず、琉球民族遺骨返還に反対することは極めて異例であり、一方的に被告の立場に立った「政治的」な関与であると言える。本訴訟の原告団長として強く抗議し、謝罪を求める。被告・京都大学に有利に働くことが期待されるような「要望書」となっており、中立性が求められる学術団体として相応しくない。被告の利害関係者が所属する貴学会から発出されたことを考えると、本訴訟に対して一定の影響を与えることを意図して「要望書」が発出されたと疑わざるを得ない。「要望書」発出に至る、貴学会内での協議内容の公開も合わせて求めたい。

二 「古人骨の管理と継承」に関する貴学会の三つの原則は、「アイヌの人たちの骨」と「民法において定義されている祭祀承継者が存在する人骨」は含まないとしている。つまり、琉球民族遺骨返還請求訴訟の原告は祭祀承継者ではないと、貴学会が認識していると言えるが、その学術的な根拠を求める。百按司墓の遺骨は、第一尚氏の王族、貴族のものであり、その子孫が現在でも存在し、祭祀を実施していることは各種の歴史資料や実際の祭祀行為によって明らかである。また百按司墓は、「今帰仁上り」という巡礼地の一つとして今尚、琉球民族が祭祀を行っている聖地であり、同遺骨は「骨神」として同祭祀において不可欠のものとして考えられている。

三 百按司墓遺骨も「国民共有の文化財」と見なしているようであるが、同遺骨を文化財として保管することができるとする法的根拠を示すべきである。文化財保護法において遺骨を「文化財」として保管しうるとする規定はない。なお、篠田謙一会長の著書『DNAで語る日本人起源論』(岩波書店、二〇一五年、二三八〜二三九頁)において、「人骨が文化財保護法において文化財として規定されていない」旨の指摘がなされているが、百按司墓遺骨は信仰の対象であり、文化財ではない。

四 二〇一七年に北海道アイヌ協会、日本人類学会、日本考古学協会によってまとめられた『これからのアイヌ人骨・副葬品に係る調査研究の在り方に関するラウンドテーブル』には、「アイヌの遺骨と副葬品を研究利用する際には、上記の基本原則に則り、当然の前提として、人の死に関わる問題である点に鑑みて、なによりもアイヌ自身の世界観、生死観、死生観を尊重することが求められる。また、アイヌの遺骨と副葬品の遺霊と返還の実現が第一義であり、研究に優先されることを十分に理解する必要がある」(同六頁)

と記載されている。アイヌ民族遺骨の遺霊と返還が研究よりも優先されるべきとの判断を示しているが、「要望書」において琉球民族遺骨に対して、同様な対応を示さない理由を明示すべきである。一九九六年以降、琉球民族はアイヌ民族と同じく先住民族として国連の各種委員会に参加し、脱植民地化、脱軍事基地化、独自な教育の実施等を訴え、国連も日本政府に対する幾つかの勧告の中において琉球民族を先住民族として認めてきた。琉球民族は、先住民族が有する先住権によって祖先の遺骨を返還させる権利を持っている。貴学会が琉球民族を先住民族と認めない学術的理由を明らかにしなければならない。

五　「資料の由来地を代表する唯一の組織である地方公共団体」と明記されている。百按司墓遺骨の由来地を代表する唯一の組織は地方公共団体であると考えているようであるが、その根拠を示されたい。百按司墓の敷地、構築物は今帰仁村役場が所有権を有しているが、墓地内の遺骨は同役場が所有しておらず、民法上の祭祀承継者が所有権を有している。

六　「当該地域を代表しない特定の団体などに人骨が移管された場合、人骨の所有権をめぐる問題の複雑化や、さらには文化財全体の所有権に係わる問題へと波及する可能性」を指摘している。まず、京都大学が遺骨の所有権を有するとする法的根拠を示し、今尚祭祀の対象となっている遺骨を「文化財」と見なし、祭祀者から切り離すことが可能であるとする法的根拠も合わせて提示すべきである。

七　京都大学に保管されている琉球民族遺骨が百按司墓から盗掘された具体的な過程については、金関丈夫『琉球民俗誌』（法政大学出版部、一九七八年）で明らかにされ、松島泰勝『琉球　奪われた骨――遺骨に刻まれた植民地主義』（岩波書店、二〇一八年）、松島泰勝・木村朗編『大学による盗骨――研究利用され続ける琉球人・アイヌ遺骨』（耕文社、二〇一九年）等において、歴史的、社会的、国際的な観点から遺骨盗骨に関する検討が行われた。貴学会は、金関の遺骨盗掘過程に対する検証を行うべきであり、遺族や琉球民族による遺骨返還要求があるにも係わらず、京都大学が保管し続けている、国内法、国際法違反の状況に対して学術的に総括すべきである。そうしなければ、研究者が自らの研究を継続するために、研究資料の独占的保管を求める「研究者のエゴイズム」としてしか「要望書」は社会的に受けとめられないだろう。

八　「国民共有の文化財」という言葉には、琉球の歴史を軽視した支配者側の「奢り」が感じられ、大変、不愉快である。一八七九年、琉球は日本政府によって暴力的に併合され、日本人が沖縄県の県庁、教育界、警察等の幹部を占有し、日本人「寄留商人」が経済的搾取を行い、軍事的には「捨て石作戦」の戦場とする等、日本の植民地支配体制下におかれた。そのような日本人と琉球民族との不平等な関係性を利用して、遺族の許可を得ずに金関丈夫・京都帝大助教授は遺骨を盗掘したのである。琉球民族は日本国に併合された後、日本国民になったが、一九四五年後は、日本国から切り離されて米国政府が統治を行った。「日本国民の安全保障」のために、現在も広大な米軍基地が沖縄県に押し付けられ、民意を無視して辺野古新基地が建設されている。「国民共有」と言うときの「国民」の中に、琉球民族は他の都道府県民と対等な資格、同様な歴史的背景で含まれているとは言えない。琉球民族の信教の自由を犠牲にして、祖先の遺骨を「文化財」として研究者の研究のために提供することが強いられている。基地問題と遺骨盗掘問題はともに、琉球民族に対する構造的差別の問題である。琉球民族の信教の自由を否定し、尊厳をいたく傷つけ、琉球の歴史や文化を軽視する「要望書」の提出は、琉球民族全体に対する侮蔑・差別行為であり、強く抗議し、謝罪を求める。

二〇二〇年七月二九日
日本人類学会会長　篠田謙一殿

琉球遺骨返還請求訴訟・支援集会参加者一同

抗議文——日本人類学会の皆さん、これが「対等な人間関係」ですか？

二〇一九年七月二二日、日本人類学会会長篠田謙一氏より、京都大学山極壽一総長宛にだされた「要望書」は、私たちの琉球人遺骨返還請求訴訟に深く関係する内容で、原告のみならず訴訟団一同本当に驚きました。

「要望書」には、この訴訟は「将来の人類学研究に影響する問題」（「要望書」）であり、今後の「人類学という学問の継承と発展」のために古人骨資料管理の原則を定めたので、京都大学でもそれに準じた対応するよう要望するという内容でした。

私たち訴訟団としては看過できない内容であり、原告はじめ各地の支援の会から「抗議文」がだされており、既に貴会に届けられています。

今回、琉球遺骨返還請求訴訟全国連絡会として、あらためて強い抗議の意を表明いたします。

「日本人類学会」のホームページによると、貴会は、自然人類学に関連する諸分野の研究者を中心とした学術団体で、設立は一八八四（明治一七年）にさかのぼる日本で最も古い学会の一つということです。そして、公開されたホームページにある「研究倫理に関する基本姿勢と基本指針」には、「現在生活している人間の身体データや試料の収集と分析、家系調査行動観察など、個人や集団の生活に踏み込むことが少なくない。そのため、**調査の対象となる個人あるいは集団と研究者との間には、研究の客体と主体という関係とは別に、対等な人間関係のもとで研究が実施され、その成果を共有し得る関係が成立していなければならない。**これらのことは人類学における研究方法の特性であるとともに宿命であり、それゆえ人類学の研究者は研究の計画、実施、報告の各段階において、対象となる人々の理解を得、信頼をまっとうするよう、十分な倫理的配慮を払う責任がある」(http://anthropology.jp/index.html) とあります。

私たち琉球遺骨返還請求訴訟では、今帰仁村百按司墓から京都帝国大学の関係者により盗掘された遺骨の返還を求めています。まさに「研究の客体と主体」の関係が問われ、「対等な人間関係」のもとでの研究であったのかを問い、さらにその「研究成果」が琉球の遺族、末裔たちとまったく共有されていないことを明らかにする裁判でもあります。

原告の「百按司墓にあったご遺骨を百按司墓に還してもらいたい」こんな小さな素朴な願いが、人類学会の皆さんの学問の継承と発展を妨害していますか？

あらためて日本人類学会の皆さんにお聞きいたします。

ご遺骨は文化財ではありません。貴会の「要望書」から、ご遺骨と深い関わりのある琉球の遺族、末裔との方々との「対等な人間関係」が生まれると思いますか？「対象となる人々の理解を得、信頼をまっとうする」ために、何が必要だと思いますか？　皆さんが言われる「倫理的配慮」とはどんな配慮ですか？

「学問の継承と発展」のためにも、誠意あるご返答をお願いいたします。そして、是非とも対等な人間として対話・討論する場が開かれることを願っています。

なお、この抗議文は、二〇二〇年七月二九日、キャンパスプラザ京都で開催された琉球人遺骨返還請求訴訟・シンポジウム「日本人類学会の植民地主義に抗議する」において、参加者一同により承認されたものです。琉球遺骨返還請求訴訟支援全国連絡会より送付いたします。ご返答は、九月二〇日までに全国連絡会までお送りくださいますようお願いいたします。

敬具

6月28日	第3回遺骨返還訴訟zoom学習会で崎浜盛喜が報告
7月29日	琉球遺骨返還請求訴訟支援集会「日本人類学会の植民地主義に抗議する」池田光穂／板垣竜太／山内小夜子／亀谷正子／玉城毅／松島泰勝。集会参加者一同により日本人類学会へ「抗議文」
7月30日	第6回裁判弁論・報告集会　波平恒男、板垣竜太による鑑定意見書の提出。
8月30日	第4回遺骨返還訴訟zoom学習会で出原昌志、川瀬俊治が報告
	自由学校「ミア・コーロ」にて崎浜盛喜が「琉球・沖縄人のアイデンティティーと自己決定権の確立へ!!」のテーマで報告
11月18日	『京大よ、還せ――琉球人遺骨は訴える』出版記念シンポジウム（予定）
11月19日	第7回裁判弁論・報告集会（予定）

2020年

１月８日	沖縄県教育委員会より行政不服審査請求書に関する弁明書提出される
１月23日	沖縄県医療政策課にて、沖縄県教育庁文化財課提出の死体保存許可証の法的根拠に関する質問を行う
１月24日	「厚生労働省医政局へお骨の法的解釈に関する問い合わせ」について沖縄県医療政策課へ「要請文」提出
１月28日	沖縄県教育委員会に「話し合い要望書」提出
１月30日	人骨問題を考える公開学習会@京都大学（第６回）「台湾の人骨問題と日本――琉球」駒込武／板垣竜太 第20回和歌山・人権啓発研究集会において松島泰勝が「琉球差別の歴史と現在」のテーマで報告
２月９日	沖縄県知事への「要望書」提出。沖縄県議会文教厚生委員会と県議会各会派に「陳情書」提出
２月18日	沖縄県教育長との「話し合い要望書」提出
２月18日	「琉球人遺骨返還請求訴訟を支える会／琉球・沖縄」沖縄県教育委員会に対し、台湾から返還されたご遺骨に関する情報開示請求（３回目）
２月26日	琉球遺骨返還請求訴訟・支援集会「学知の植民地主義を問う」松島泰勝／川瀬俊治／金城実／丹羽雅雄／李承現
２月27日	第５回裁判弁論・報告集会　原告団長松島泰勝による意見陳述。伊佐眞一による鑑定意見書を提出。
３月11日	沖縄県教育委員会委員に対する「公開質問状」を教育長に提出。第３回目の情報開示請求に関する公文書開示。「沖縄人骨の確認・移管検収書」が再度提出された。
３月19日	沖縄県医療政策課と死体保存許可証について話し合い。沖縄県議会文教厚生委員会での傍聴。
３月26日	「琉球人遺骨返還請求訴訟を支える会／琉球・沖縄」が、台湾から移管されたご遺骨に関して教育長と面談。教育長は「外交に関する協議書締結は県議会にかけずに教育長でもできる」と返答。
３月28日	「アイヌ（人）の権利をめざす会」発足。貝澤耕一、萱野志郎、宇梶静江（共同代表）
４月19日	第１回遺骨返還訴訟zoom学習会で玉城毅、亀谷正子、友永雄吾が報告
４月20日	「ゆいまーる」３号、「琉球遺骨返還請求訴訟支援全国連絡会」発行
５月24日	第２回遺骨返還訴訟zoom学習会で友永雄吾が報告

三島連絡協議会代表）／原井一郎／松島泰勝／駒込武／板垣竜太

10月９日　「日本人類学会のアイヌ遺骨研究を考える会」結成、川村シンリツ・エオリパック・アイヌ、木村二三夫が共同代表

10月14日　「琉球人遺骨返還訴訟を支える会／琉球・沖縄」の会員と原告らが浜田京介・中城村長と面会、金関丈夫が同村で盗掘した琉球人遺骨に関する調査を依頼。護佐丸歴史資料図書館にて調査ののち同村の共同墓にて祭祀を挙行

10月19日　「琉球人遺骨返還請求訴訟を支える会・滋賀」の発足会（草津市）にて開催。松島泰勝の報告と意見交換

10月24日　沖縄県教育庁文化財課長と台湾から移管された63体の遺骨についての話し合い。玉城和宏・渡口正三・玉城毅・亀谷正子他

10月25日　沖縄県教育委員会より第２回目の情報開示であったが、63体の遺骨について記載された資料なし

11月　京都大学学園祭にて、遺骨盗掘問題、京都学派によるアジア研究機関、731部隊に関する企画展を開催、「学知の植民地主義」に関する学習会を同時に開催し、松島泰勝が報告

11月16～17日　「琉球人遺骨返還請求訴訟を支える会／琉球・沖縄」沖縄県庁前にて再風葬を求める署名活動を開始

11月18日　沖縄県教育庁文化財課へ「情報公開に関する話し合い要望書」を提出

11月23日　「ニライ・カナイぬ会」結成集会

11月26日　人骨問題を考える公開学習会@京都大学（第５回）「アイヌ遺骨返還問題の本質」加藤博文／出原昌志／友永雄吾

11月28日　琉球民族遺骨返還請求訴訟・学習会「先住民族の文化享有権――憲法学の立場から」奥野恒久／亀谷正子／玉城毅／松島泰勝／丹羽雅雄

11月29日　第４回裁判弁論・報告集会　原告照屋寛徳による意見陳述

12月　原井一郎が沖縄県教育庁文化財課に対して、金関が那覇市内で盗掘した奄美大島出身者の遺骨に関して情報公開請求、文化財課は拒否する

12月13日　沖縄県教育委員会へ行政不服審査請求書提出

12月19日　「琉球人遺骨返還請求訴訟を支える会・大阪」より日本人類学会へ「要請書」

12月23日　沖縄県教育庁文化財課との情報公開に関する話し合い

12月23日　「琉球人遺骨返還請求訴訟を支える会／琉球・沖縄」沖縄県庁前にて再風葬を求める署名活動

8月21日	琉球人遺骨返還請求訴訟原告玉城毅より日本人類学会へ「抗議文」
8月25日	「琉球人遺骨返還請求訴訟を支える会／琉球・沖縄」（共同代表根保清次、与那嶺義雄、横田チヨ子）より日本人類学会へ「抗議文」
8月26日	「京都大学職員組合ニュース」（2019年度第２号）紙上にて、京都大学山極壽一総長、琉球民族遺骨返還請求訴訟原告団長松島泰勝に対し「問題のある方と承知している」と発言
8月29日	大阪集会「なぜ琉球遺骨返還訴訟を闘うのか」亀谷正子／金城実／丹羽雅雄
8月30日	第３回裁判弁論・報告集会　原告金城実による意見陳述
8月31日	「琉球民族遺骨返還研究会」より、山極壽一京都大学総長の琉球人差別発言に対し「抗議文」
9月3日	「琉球人遺骨返還を求める奈良県会議」より、日本人類学会要望書へ「抗議文」
9月3日	「琉球人遺骨返還請求訴訟を支える会／琉球・沖縄」沖縄県教育委員会に要請文手交後　沖縄県庁記者クラブにて記者会見
9月4日	「琉球人遺骨返還請求訴訟を支える会・関東（準備会）」より日本人類学会へ「抗議文」
9月7～9日	琉球現地合宿（弁護団、各地支える会）　交流会・今帰仁村あいあいファーム、弁護団合宿勉強会・大宜味村喜如嘉公民館。９日午後、安和桟橋現状視察
9月25日	「東京琉球館」（店主・島袋マカト陽子）にて松島泰勝が琉球人遺骨盗掘問題に関する報告、意見交換
9月27日	第１回情報開示請求に対する情報公開。台湾大学との協議書１枚のみ
9月28日	「琉球人遺骨返還請求訴訟を支える会・関東」結成シンポジウム／外間三枝子／與儀睦美／上村英明／松島泰勝他
10月4日	「琉球人遺骨返還請求訴訟を支える会／琉球・沖縄」沖縄県教育委員会に対し、台湾から返還されたご遺骨に関する情報公開請求（第２回）
10月4日	「京都大収蔵の遺骨返還を求める奄美三島連絡協議会」大津幸夫（代表）、原井一郎（事務局）が京都大学に「要望書」提出。京大側、玄関先で対応
10月5日	公開シンポジウム「知と骨－京都帝大の奄美「人骨」調査と植民地主義」大津幸夫（京都大収蔵の遺骨返還を求める奄美

4月30日	「琉球人遺骨返還訴訟を支える会／琉球・沖縄」第一回総会講演「琉球人遺骨返還について——琉球の歴史と牡丹社事件、人類館事件の関係」金城実
5月9日	人骨問題を考える公開学習会@京都大学（第1回）「琉球併合140年の今、学知の植民地主義を問う——琉球人遺骨は誰のものか」松島泰勝／松田素二／冨山一郎
5月12日	「5・12辺野古埋立阻止・琉球人遺骨返還裁判勝利奈良県集会——琉球人遺骨返還を求める奈良県会議2019年総会」が奈良市内で開催。崎浜盛喜／松島泰勝他
5月17日	第2回裁判弁論・報告集会　原告玉城毅による意見陳述
5月20日	『No Base!　沖縄とつながる京都の会』5月例会に松島泰勝が「琉球遺骨返還請求訴訟について」報告
5月21日	「ゆいまーる」1号、「琉球遺骨返還請求訴訟支援全国連絡会」発行
6月1日	「琉球人遺骨返還請求訴訟を支える会／琉球・沖縄」今帰仁シンポジウム、松島泰勝／多嘉山侑三
6月2日	琉球大学にてシンポジウム「脱植民地化運動としての琉球民族の遺骨返還運動」が開催。主催は東アジア共同体沖縄（琉球）研究会
6月13日	人骨問題を考える公開学習会@京都大学（第2回）「収集と権力：京都帝大人類学研究室の『南島』調査」板垣竜太／石井美保
7月19日	人骨問題を考える公開学習会@京都大学（第3回）「略奪と返還：ドイツ＝アフリカ間の植民地遺骨」永原陽子／菊池恵介
7月22日	日本人類学会会長篠田謙一、京都大学総長山極壽一宛「要望書」提出。琉球人遺骨を「学術的価値をもつ国民共有の文化財」とし取り扱いの「原則」を提示
8月10日	「ゆいまーる」2号、「琉球遺骨返還請求訴訟支援全国連絡会」発行
8月16日	「琉球人遺骨返還請求訴訟を支える会／琉球・沖縄」沖縄県教育委員会に対し、台湾から返還されたご遺骨に関する情報公開請求（第1回）
8月20日	「琉球民族遺骨返還研究会」（代表松島泰勝）より日本人類学会へ「抗議文」
8月21日	琉球人遺骨返還請求訴訟原告亀谷正子より日本人類学会へ「抗議文」

12月4日　京都地方裁判所に、今帰仁村百按司墓から持ち出された琉球人遺骨の返還を求め京都大学を提訴。同日、龍谷大学響都ホールにおいて決起集会開催

12月15日　沖縄・一坪反戦地主会関東ブロック主催の講演会「沖縄・琉球から撃つ『明治150年』――盗掘された琉球人遺骨を返せ!!」で松島泰勝が報告

12月19日　「琉球人遺骨返還訴訟を支援する大阪の会」が設立、記念シンポ開催

2019年

1月12日　「命どぅ宝！　琉球の自己決定権の会」主催による、百按司墓慰霊祭、今帰仁村の方々との意見交換会、今帰仁村歴史文化センターにて調査が行われた

2月1日　『大学による盗骨――研究利用され続ける琉球人・アイヌ遺骨』耕文社発行

2月15日　琉球民族遺骨返還訴訟・学習会　松島泰勝／金城実／丹羽雅雄

2月24日　「琉球人遺骨返還請求訴訟を支える会／琉球・沖縄」発足、シンポジウム「奪われた琉球人の骨」浦添市立中央公民館　松島泰勝／丹羽雅雄／亀谷正子／玉城毅／金城実／照屋寛徳／具志堅隆松

3月1～31日　柳原銀行記念資料館にて「奪われた骨　奪われた人権――アイヌ民族・琉球民族・部落」企画展を開催

3月8日　第1回裁判弁論・報告集会　原告亀谷正子による意見陳述

3月16日　柳原銀行記念資料館企画展シンポジウム「奪われた骨　奪われた人権――アイヌ民族・琉球民族」玉城毅・木村敬・山内政夫

3月18日　台湾大学より63体のご遺骨が今帰仁村教育委員会を介して沖縄県教育委員会に移管される

3月26日　「琉球人遺骨訴訟を支える会／琉球・沖縄」台湾大学から返還されたご遺骨に関し、県教育委員会へ再風葬の要請及び記者会見

4月15日　「琉球人遺骨返還訴訟を支える会／琉球・沖縄」沖縄県立埋蔵文化財センターにて、ご遺骨との対面。敷地内で祭祀を認めず、敷地外でご遺骨への祭祀を執行

4月28日　琉球遺骨返還訴訟を支援する集会「沖縄にとっての天皇制」を東京で開催。金城実／松島泰勝

関連年表

＊2018年以前は『大学による盗骨』巻末の関連年表を参照

作成・山内小夜子

2018年

1月	コタンの会などが、遺骨返還を求めて札幌医科大学と北海道庁を提訴。 「東アジア共同体・沖縄（琉球）研究会」のシンポジウムで、「琉球人・アイヌ遺骨返還問題にみる植民地主義に抗議する声明」がだされる
2月16日	照屋寛徳衆議院議員、安倍内閣総理大臣に対し「琉球人遺骨の返還等に関する質問主意書」提出
3月9日	照屋寛徳衆議院議員、山極京大総長に対し「琉球人遺骨問題に関する公開質問状」を送付
4月2日	照屋寛徳衆議院議員、山極京大総長に対し2回目の「琉球人遺骨問題に関する公開質問状」を送付
4月	「琉球民族独立総合研究学会」が、国連本部（米国ニューヨーク）で開催された「国連先住民族問題常設フォーラム」において、京大からの琉球人遺骨返還を訴え
5月	京都大学を相手に民事訴訟提起を決定。奄美で「京都大収蔵の遺骨返還を求める奄美三島連絡協議会」が設立され、京大総長に遺骨返還を要求
7月7日	明治大学島嶼文化研究所にて松島泰勝より「遺骨問題から考える琉球・沖縄と日本の植民地支配」と題し報告
9月13日～2泊3日	丹羽雅雄弁護士、定岡由紀子弁護士、普門大輔弁護士による琉球現地調査。「命どぅ宝！　琉球の自己決定権の会」事務所にて聞き取り調査、今帰仁村百按司墓の調査と祭祀を挙行
10月10日	松島泰勝著『琉球　奪われた骨――遺骨に刻まれた植民地主義』（岩波書店）出版
10月12日	龍谷大学深草校舎にて「なぜ、琉球遺骨返還請求訴訟を闘うのか――学知の植民地主義を問い、琉球人の尊厳回復を目指して」シンポ開催。川瀬俊治／丹羽雅雄／冨山一郎／山内小夜子／出原昌志／松島泰勝他
10月21日	「琉球人遺骨返還を求める奈良県会議」が設立

琉球遺骨返還請求訴訟支援全国連絡会のご案内

本連絡会は、2018年12月４日京都地方裁判所に提訴された琉球民族遺骨返還請求訴訟を支援するための全国組織です。本訴訟は、国内外の一般市民のカンパに基づいて行われています。これまで、琉球、関東、関西において本件に関するシンポ、講演会が開催され、カンパや様々な支援を頂戴してきました。市民の皆様からの浄財によって、訴訟のための活動が行われてきました。今後も、集会、傍聴、裁判費用の準備等、様々な支援が必要になります。裁判支援活動を主体的に行い、最終的に裁判に勝利し、ご遺骨をもとの場所にとりもどすことを本連絡会は活動の目的としています。本裁判の趣旨に賛同する方のカンパや、裁判所での傍聴等、具体的な支援活動へのお手伝いや参加を心からお願いします。現在は、琉球、三重、大阪、滋賀、関東において支援の会が結成されました。今後、全国各地に裁判支援者の「ゆいまーる」の輪を広げていきたいと希望しています。

ウェブサイトのご案内

「琉球遺骨の返還を求めて」(https://ryukyuhenkan.wordpress.com/)

同サイトには遺骨問題や訴訟関連の資料や新聞記事、2018年に行ったシンポジウム、現地調査、京都地裁での裁判報告、支援集会等の写真や資料を掲載しています。

会費・カンパのお願い

多くの市民の力に支えられて裁判を進めていきます。
通信『ゆいまーる』を送付いたします。１口2000円（１年間）。
皆様のご理解とご協力、ゆたさるぐとぅ うにげーさびら !!
よろしくお願いします !!

【ゆうちょ銀行・振込口座】
口座番号　00920－１－237915
口座名称　琉球遺骨返還請求訴訟全国連絡会

【他行からの振込の場合】
○九九（ゼロキュウキュウ）店　当座　0237915

玉城毅（たまぐしく　つよし）

1950年生。琉球民族遺骨返還請求訴訟原告。

つじねこ

京都大学学生。

出原昌志（ではら　まさし）

1955年生。アイヌ・ラマット実行委員会共同代表。元荒川地域ユニオン副運営委員長。

照屋寛徳（てるや　かんとく）

1945年生。衆議院議員（沖縄２区・社民党）、弁護士。琉球民族遺骨返還請求訴訟原告。著書『沖縄から国策の欺瞞を撃つ』（琉球新報社）。

渡口正三（とぐち　まさみ）

琉球人遺骨返還訴訟を支える会／琉球・沖縄事務局次長。

友永雄吾（ともなが　ゆうご）

1975年生。龍谷大学国際学部准教授。著書に『オーストラリア先住民の土地権と環境管理』（明石書店）ほか。

中野　楓（なかの　かえで）

京都大学学生。

波平恒男（なみひら　つねお）

1954年石垣島生。琉球大学名誉教授。著書『近代東アジア史のなかの琉球併合』（岩波書店）。

丹羽雅雄（にわ　まさお）

弁護士。琉球民族遺骨返還請求訴訟弁護団長。沖縄日の丸裁判、中国人強制連行国賠裁判、在日高齢者無年金裁判、朝鮮高校無償化裁判など、社会的マイノリティの人権問題等に取り組む。

原井一郎（はらい　いちろう）

1949年、徳島県生まれ。1954年、母の故郷・奄美大島に一家で移住。地元日刊紙記者、編集長を経て、フリーライター。単著『欲望の砂糖史』（森話社）、共著『国境27度線』（海風社）ほか。

普門大輔（ふもん　だいすけ）

弁護士。琉球民族遺骨返還請求訴訟弁護団。

外間三枝子（ほかま　みえこ）

琉球人遺骨返還請求訴訟を支える会／関東。沖縄・一坪反戦地主会関東ブロック。

宮城隆尋（みやぎ　たかひろ）

1980年生。琉球新報編集委員。「奪われた琉球人遺骨」（共著『ヘイト・クライムと植民地主義』三一書房、掲載）。

與儀睦美（よぎ　むつみ）

琉球人遺骨返還請求訴訟を支える会／関東。沖縄・一坪反戦地主会関東ブロック。共著に『ルポルタージュを書こう』（同時代社）、『公民館60年―人と地域を結ぶ「社会教育」』（国土社）。

横田チヨ子（よこた　ちよこ）

琉球人遺骨返還訴訟を支える会／琉球・沖縄会員。

李承現（り　すんひょん）

弁護士。琉球民族遺骨返還請求訴訟弁護団。

■執筆者（50音順）

池田光穂（いけだ　みつほ）

大阪大学ＣＯデザインセンター教授・センター長（文化人類学）。著書に『実践の医療人類学』（世界思想社）ほか。

伊佐眞一（いさ　しんいち）

1951年首里市（現、那覇市）生。著書に『伊波普猷批判序説』（影書房）ほか。

板垣竜太（いたがき　りゅうた）

1972年生。同志社大学社会学部教授。著書に『朝鮮近代の歴史民族誌』（明石書店）ほか。

奥野恒久（おくの　つねひさ）

1967年生。龍谷大学政策学部教授（憲法学、人権論）。著書に『人権論入門』（法律文化社）ほか。

川瀬俊治（かわせ　しゅんじ）

1947年生。フリー。編者として『琉球独立は可能か』『武器よさらば―地球温暖化の危機と憲法九条』など。

亀谷正子（かめや　まさこ）

1944年生。琉球民族遺骨返還請求訴訟原告。「命どぅ宝！　琉球の自己決定権の会」会員。

金城　實（きんじょう　みのる）

1939年生。琉球民族遺骨返還請求訴訟原告。彫刻家。沖縄県読谷村在住。著書に『知っていますか？　沖縄一問一答』（解放出版社）ほか。

具良鈺（く　りゃんおく）

弁護士。琉球民族遺骨返還請求訴訟弁護団。

黒石　級（くろいし　きゅう）

京都大学学生。

駒込　武（こまごめ　たけし）

京都大学大学院教育学研究科教授。植民地教育史・台湾近現代史専攻。著書に『世界史のなかの台湾植民地支配』（岩波書店）ほか。

呉屋初子（ごや　はつこ）

琉球人遺骨返還訴訟を支える会／琉球・沖縄会員。

崎浜盛喜（さきはま　せいき）

1947年沖縄島北中城村生。奈良市在住。琉球人遺骨返還を求める奈良県会議共同代表、奈良―沖縄連帯委員会代表、奈良沖縄県人会顧問。

定岡由紀子（さだおか　ゆきこ）

弁護士。琉球民族遺骨返還請求訴訟弁護団。

島袋マカト陽子

（しまぶくろ　まかと　ようこ）

東京琉球館主宰。

石佳音（すー　くぇいいん）

中国文化大学政治系助教授、中華琉球研究学会理事長、雑誌『遠望』総編集。

玉城和宏（たまき　かずひろ）

琉球人遺骨返還訴訟を支える会／琉球・沖縄事務局長。

◆写真

Ⅲ扉、p. 68, 69：撮影／牧田清（『我肝沖縄―ワチム（わが心の）オキナワ』解放出版社刊より）

p. 6, 161, 177：撮影／松島泰勝

Ⅳ扉、p. 43, 78：撮影／根保清次

カバー、p. 16, 35, 38, 135：撮影／山内小夜子

p. 117, 119：撮影／原井一郎

Ⅰ・Ⅱ扉、p. 179：撮影／兵頭圭児

■編著者

松島泰勝（まつしま　やすかつ）

1963年琉球・石垣島生まれ。在ハガッニャ（グアム）日本国総領事館と在パラオ日本国大使館の専門調査員等を経て、龍谷大学教授。琉球民族遺骨返還請求訴訟原告団長。琉球民族遺骨返還研究会代表。単著『帝国の島』（明石書店）、『琉球　奪われた骨』（岩波書店）、『琉球独立への経済学』（法律文化社）、『琉球独立宣言』（講談社）、『琉球独立論』（バジリコ）、『沖縄島嶼経済史』（藤原書店）ほか。

山内小夜子（やまうち　さよこ）

愛媛県生まれ。真宗大谷派（東本願寺）僧侶。琉球遺骨返還請求訴訟支援全国連絡会事務局長。大谷大学非常勤講師。論文「近代における真宗大谷派の女性教化組織」（『教化研究』135号）他、共著に『高木顕明―大逆事件に連座した念仏者』（真宗ブックレット）、『性と侵略』（社会評論社）、『加害と赦し』（現代書館）ほか。

京大よ、還《かえ》せ

琉球人遺骨は訴える

発行日　2020年９月20日　第１刷発行

編著者　松島泰勝・山内小夜子

発行者　兵頭圭児

発行所　株式会社 耕文社

〒536-0016 大阪府大阪市城東区蒲生１丁目３－24

TEL.06-6933-5001　FAX.06-6933-5002

http://www.kobunsha.co.jp/

ISBN978-4-86377-060-7　C0036

（落丁・乱丁の場合は、お取替えいたします）